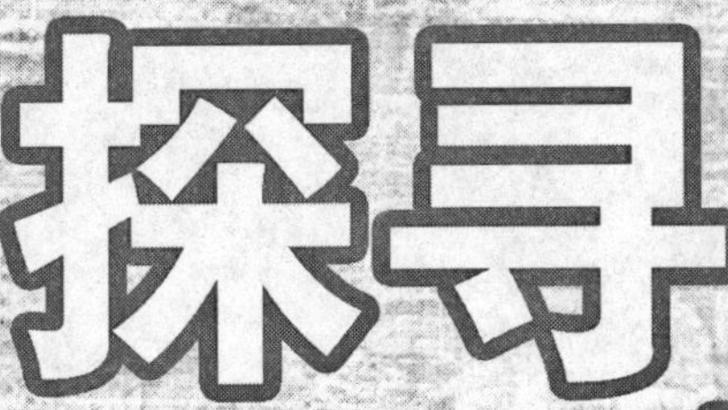

探寻大理古国

林齐模 编著

華齡出版社

责任编辑：苏 辉 薛 治
装帧设计：刘苗苗
责任印制：李未圻

图书在版编目（CIP）数据

探寻大理古国/林齐模编著．—北京：华龄出版社，2009.12
（寻找古国系列丛书）
ISBN 978-7-80178-598-5

Ⅰ.①探… Ⅱ.①林… Ⅲ.①大理白族自治州-地方史 Ⅳ.①K297.42

中国版本图书馆CIP数据核字（2009）第241465号

书　　名：探寻大理古国
作　　者：林齐模　编著
图片提供：纳敏　梁媛　万象图库　中国图片网
出版发行：华龄出版社
印　　刷：三河科达彩色印装有限公司
版　　次：2010年1月第1版　2011年10月第4次印刷
开　　本：710×1000　1/16　印　　张：10.25
字　　数：70千字　印　　数：15 001～18 000册
定　　价：22.00元

地　　址：北京西城区鼓楼西大街41号　邮编：100009
电　　话：84044445（发行部）　传真：84039173

前　言

杨朔先生的一篇《茶花赋》使大理茶花誉满神州，大理也随之名扬天下。我对大理的认识就是从小时候读杨朔先生的这篇散文开始的，当时对大理的感觉只有一个字“美”。年龄稍大一些又迷上了武侠小说，金庸笔下的大理无量山着实让我仰慕了很久，因为那里住着一位美丽的“神仙姐姐”。那时我问自己，大理的姑娘真的都是这般漂亮吗？随着年龄的增长，我对大理的认识不断深入，才知道大理不仅山好水好，更重要的是这样的青山绿水养育出了这样俊美杰出的人物，而千百年来

正是这些人物创造了如此灿烂辉煌的文化。在北京中华世纪坛那长达262米的青铜甬道铭文之中，关于大理的重大历史事件的记述多达二十几处，大理在历史上的地位由此可见一斑。

你知道大理的名称是从何而来的吗？大理作为一个地方政权的名称或国号，始自大理国开国君主段思平。段思平采用“大理”作为国号还有一个美丽的神话传说。据传，段思平在进攻杨氏义宁国时，当兵至义宁国首府前，一时找不到渡口过河，这时有一位披缨浣纱的妇女指给段思平渡河的道路，并建议段思平建国号为

大理古城南城门

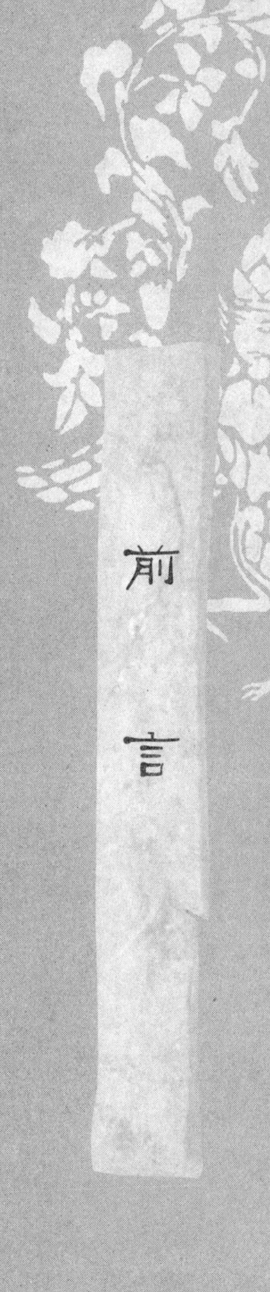

“大理”，这名妇女在给段思平指路之后，就不见踪影。至此，段思平才明白浣纱妇乃神仙所化，于是他在得了天下之后就以“大理”作为国号。这虽然是一个神话故事，但那妇女正是当时各方反抗当时杨干贞义宁政权暴政力量的化身，他们支持段思平伐杨，强烈要求调整过去各方面的社会关系，以新措施来治理国家，故大理又有“治理”之意。但据史家考证，“大理”之“大”很可能与“大礼”、“大长和”等之“大”一样，不是名称，而是冠词。大理自段思平开国，传14世至段正明，权臣高升泰篡位，改国号为“大中国”。过了一年，高升泰死，高氏还政于段氏，又传8世，史称后理国。段氏立国前后共传22主，历时316年，几与宋王朝相始终。然而在后理国时期，各贵族割据称雄，内讧不断，国势渐微，最终也没能逃出王朝更替的怪圈。1254年，蒙古大将兀良合台攻破大理，俘获大理最后一个皇帝段兴智，大理亡国。元朝在其地设云南行省，但鉴于段氏在云南的势力，段氏被封为世袭大理总管，元朝不得不与段氏共治大理。

大理地处我国西南部的云贵高原之上，历来是连接南亚、东南亚与中国内陆的交通要道，是世人所公认的

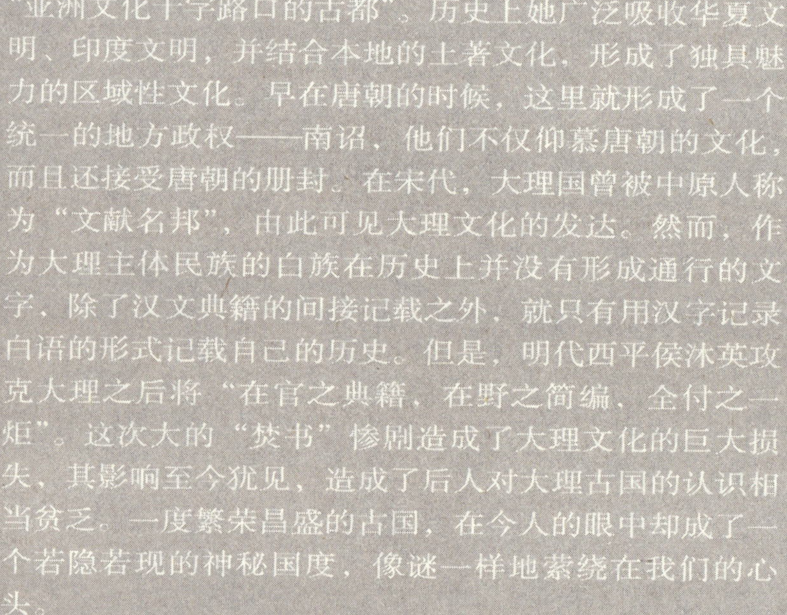

"亚洲文化十字路口的古都"。历史上她广泛吸收华夏文明、印度文明，并结合本地的土著文化，形成了独具魅力的区域性文化。早在唐朝的时候，这里就形成了一个统一的地方政权——南诏，他们不仅仰慕唐朝的文化，而且还接受唐朝的册封。在宋代，大理国曾被中原人称为"文献名邦"，由此可见大理文化的发达。然而，作为大理主体民族的白族在历史上并没有形成通行的文字，除了汉文典籍的间接记载之外，就只有用汉字记录白语的形式记载自己的历史。但是，明代西平侯沐英攻克大理之后将"在官之典籍，在野之简编，全付之一炬"。这次大的"焚书"惨剧造成了大理文化的巨大损失，其影响至今犹见，造成了后人对大理古国的认识相当贫乏。一度繁荣昌盛的古国，在今人的眼中却成了一个若隐若现的神秘国度，像谜一样地萦绕在我们的心头。

闲言少叙，还是让我们一起走过时光隧道，探寻古大理国的踪迹，揭开她神秘的面纱，体验古国的文明、聆听历史的声音！让我们一起来发现一个真实的古国。

目　录

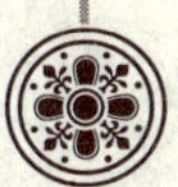

2

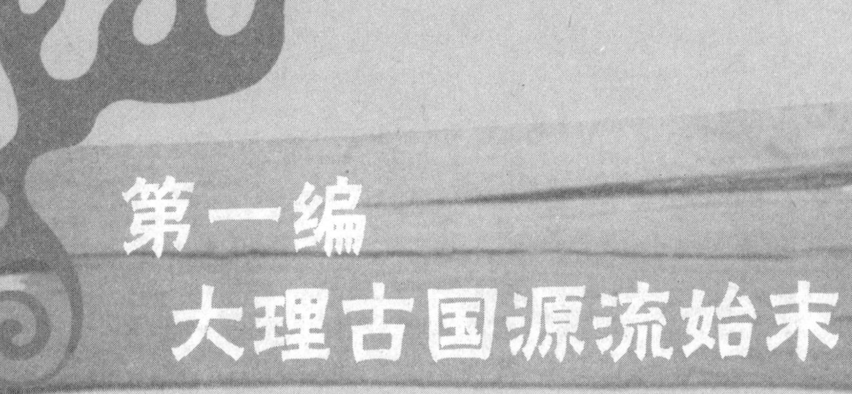

第一编 大理古国源流始末

探寻大理古国

苍山洱海

在我国云南西部高原上，有一个美丽的湖泊——洱海，在它的西岸耸立着巍巍点苍山。在苍山和洱海之间，千百年来的地质作用形成了一个狭长的冲积平原。这里土地肥沃，水源丰富，物产丰饶，是人类居住生活的绝佳之地。

公元前2世纪时，汉武帝派张骞出使西域各国，他在大夏国（今阿富汗北部地区）发现了我国西南地区出产的两种物品：蜀布和邛竹杖。他听说这是从身毒（中国古人对印度的称呼）转运来的。因此他推测如果从我国的西南地区到身毒要比取道西北地区近得多，并且还免除了匈奴人的威胁。于是，他向汉武帝建议打通从四川经过云南西部通往印度的道路，汉武帝采纳了他的建议，打通了这条通道，这就是比北方的丝绸之路还要古老的蜀身毒道。当时在围绕是否开发西南的问题上，在西汉王朝内部还发生了一番争论。朝中的公孙弘说，开发西南除了使汉朝衰弱之外没有什么大的用处。汉武帝辩不过他，就派朱买臣和他辩论，朱买臣提出了十条理由和他辩论，结果公孙弘理屈词穷，不得不承认自己无知。司马相如也做了《难蜀父老》一文，驳斥

汉武帝

了蜀中反对开发西南夷的权势人物。

西汉元封二年（公元前109年）汉武帝派兵征伐云南，滇王战败投降，西汉在滇池地区设益州郡。打败滇王之后西汉军队继续西征，汉武帝的下一个对手是居住在云南西部和南部地区的昆明族人。司马迁在《史记》中记载，当时昆明族人过着逐水草而居的游牧生活，还处在氏族部落阶段，他们的发展水平远远低于中原地区，虽然还没有出现国家，但他们的军事力量却相当强大，汉武帝的军队遭到了严重挫折。

经过短暂的休整之后，元封四年（公元前107年）拔胡将军郭昌率领军队继续征讨，又被昆明人打败，无功而返。但汉武帝打通蜀身毒道的决心并没有改变，他加派大批军队，历经鏖战，最终打败了西洱河各个部族。于是，汉王朝开始在这些部族居住的洱海地区设立叶榆县（辖今大理、洱源、鹤庆一带），属益州郡，县治就在今天的喜洲，这是洱海地区由中央王朝第一次建置的县一级政权，喜洲成了历史上洱海周围的政治中心。汉王朝征服了洱海地区之后，蜀身毒道并没有开通，哀牢族是这条道路上的最后障碍，但汉武帝还没有来得及完全打通这条道路就死去了。直至东汉建武年间，哀牢族人内附，蜀身毒道终于开通。由于这里的地形险要，少数民族据险力守，汉朝为打通这条道路牺牲了大量的士兵和百姓，还耗费了大量的财力。明朝末年思想家王夫之评价说，“以一时之利害言之，则病天下；通古今而计之，则大利。”王夫之的这一评价十分恰当。

三国时期，云南地区属于蜀国的益州，被称为“南中”。南中部分奴隶主贵族据地自雄，不遵法度，作乱反蜀。蜀丞相诸葛亮为巩固后方，亲率大军，五月渡泸，平定暴乱，并用“七擒七纵”的方法，收附蛮族首领孟获，仍起用当地孟氏、爨氏等大姓为官属，推行先进的政治、经济制度，并改原云南五郡为七郡，洱海地区即属云南郡。

诸葛亮像

西晋建立后，由于对云南的剥削加重，

诸葛亮擒孟获处碑

一度发生叛乱，由于战争，较繁荣的滇东北地区逐渐衰落，当地居民纷纷迁到滇中和滇西，促进了包括洱海在内的广大地区的发展。南北朝时期，云南仍然处于中原王朝统治下，割据云南的大姓爨氏，后来分裂为东西两部，东部称为乌蛮，西部称为白蛮。此时，社会相对稳定，经济文化得到发展，内地人民为逃避战乱，不断迁来云南，一部分融入诸蛮之中，这些共同形成了当地的主体民族，并最终演化为今天的白族。

一、恃强兴兵，六诏归一——南诏概述

南诏的兴起

有唐一代，在我国今天的云南地区存在着一个以乌蛮和白蛮为主体的少数民族政权——南诏。

在唐朝初年的云南洱海地区分布着众多的互不统属的乌蛮和白蛮等部落，唐朝正在努力向这一地区发展自己的势力。于是便同也在向这一地区扩张的吐蕃势力发生了激烈冲突。为了同吐蕃对抗和加强自己对这一地区的控制，唐朝感到有必要扶植当地的某个部落首领为己所用。而当时乌蛮的蒙舍诏（南诏）在诸诏之中发展水平最高，实力最为强大，

细奴逻像

一向对唐王朝表示臣属。其首领细奴逻本人曾被唐朝授予巍州刺史，他的儿子也接受了唐朝授予的官职。这样，唐王朝自然选择了蒙舍诏来扶植，蒙舍诏也正是靠唐朝的支持统一了六诏。

唐朝初年，在洱海地区分布的少数民族部落中，以六个乌蛮部落比较著名，它们是蒙嶲诏、越析诏、浪穹诏、邆赕诏、施浪诏、蒙舍诏等，史称“六诏”。（诏，是当地洱海地区少数民族的语言，意思为王，进而也用“诏”称整个部落。）而在这六诏之中尤以南诏实力最为强大，南诏王的始祖舍龙，据传说原来住在哀牢山，后为躲避仇人和儿子细奴逻一起搬到魏山。后来，蒙舍诏的大首领张乐进求让位给了细奴逻。关于这件事还有一个美丽的传说。据说，一次蒙舍诏要对刚刚建好的本族的崇拜物——铁柱进行祭祀，大首领张乐进求请了其他的几位首领和细奴逻一起参加。正在进行仪式之时，有一只五色鸟飞到了铁柱上，然后又停在细奴逻的肩上。大家对此很奇怪，让他不要惊动这只鸟。此后，他十分谨慎，无论吃饭还是睡觉都不惊动这只鸟，一直过了 18 天，鸟才飞走。大家觉得这是天意，要让细奴逻为大首领。于是，张乐进求顺应天意民

《南诏图传》中张乐进禅位于细奴逻图像

◉ 阁逻凤像

心要让位给细奴逻，细奴逻坚辞不就。但大家不同意，于是他拔出剑说，“如果我这把剑能砍到石头里，我才能当王。”话说完，就挥剑向一块巨石砍去，结果剑入石三寸。于是，他无话可说，被拥戴为王。在当时蒙舍诏处于原始社会末期，首领还是大家共选。细奴逻称王之后，开始了家天下的局面，王位父子相承。

唐朝开元二十二年（公元734年），唐王朝为了扶植蒙舍诏调动了姚州都督府的力量，帮助南诏主皮逻阁统一了洱海地区。蒙舍诏基本上统一了洱海地区之后，唐王朝立即正式予以承认。开元二十六年（公元738年），唐朝册封蒙舍诏诏主皮逻阁为“云南王”“越国公”，并赐名“归义”。他的儿子阁逻凤被授为阳瓜州刺史，其他的儿子也都受到了唐朝封赐。在历史上这一年被认为是南诏作为地方政权的开始，第二年皮逻阁迁居太和城，并定都于此。

南诏在洱海地区崛起之后，一直试图把自己的势力扩展到洱海以东爨氏统治的地区。皮逻阁利用唐朝的支持和与爨氏和亲的办法，逐渐控制了爨氏统治的地区。天宝七年（公元748年）南诏王皮逻阁卒，其子阁逻凤继位为南诏诏主并袭云南王，时年36岁。虽然南诏政权建立之后和唐朝一直是君臣关系，但南诏势力的过度扩张，深为原意只在扶植南诏对付吐蕃的唐王朝所不容，双方最后发展到了兵戎相见的程度。

天宝之战

唐玄宗天宝年间，杨贵妃的哥哥杨国忠专权，朝政腐

败。杨国忠推荐鲜于仲通为剑南节度使，但鲜于仲通性子比较急躁，在南诏大失民心。云南太守张虔陀又贪婪淫虐，加倍征收南诏课赋，甚至侮辱阁逻凤和他的妻子。公元750年，南诏王阁逻凤带着妻子到成都拜见鲜于仲通。路过姚安时，张虔陀公然侮辱阁逻凤的妻子，还索要很多的财物，阁逻凤不答应。张虔陀就派人辱骂他，还暗地里向朝廷报告他的罪状。阁逻凤对此大为不满，便起兵攻下姚安，杀了张虔陀，开始了对唐朝的战争，这就是历史上有名的天宝之战。

唐玄宗

公元751年，唐玄宗派剑川节度使鲜于仲通领兵征讨南昭。当唐朝军队开到曲州、靖州时，阁逻凤派使者前往求和，并说明是因为张虔陀的挑拨才使唐朝和南诏产生猜忌，南诏并没有反叛之心，现在吐蕃对南诏大兵压境，如果南诏和唐朝发生冲突，就会导致“鹬蚌相争，渔翁得利”的局面。如果唐朝不答应南诏求和，南诏就要归附吐蕃，云南从此也不再受唐朝的管辖。鲜于仲通不仅拒绝了南诏的求和，还囚禁了南诏的使者，继续向洱海地区进发。万般无奈之下，南诏只好归附吐蕃，阁逻凤在吐蕃的帮助下打败了唐朝军队。在这次战争中唐朝损失惨重，士卒死伤达六万多人，鲜于仲通只身逃脱。但在朝中，杨国忠却隐瞒鲜于仲通的败绩，反而向朝廷谎报战功。南诏在此战之后臣服吐蕃，被吐蕃赞普封为兄弟之国，阁逻凤被封为“赞普钟”（吐蕃语，意为赞普的兄弟），号称“东帝”。

鲜于仲通征讨南诏失败之后，杨国忠对云南战事的失败感到十分耻辱，在全国征兵十万，准备再次征讨南诏。公元745年，唐朝侍御史剑南留后李宓领兵七万再次进攻南诏。阁逻凤采取诱敌深入的策略，当李宓大军到达太和城时，阁逻凤闭门不战。李宓大军的军粮很快就被吃光了，士兵由于

万人冢

不适应南方的气候，瘟疫流行，病死饿死大半，只好无功而退。这时，阁逻凤趁机追击，与李宓在太和城外激战。李宓全军覆没，李宓本人阵亡。这次战争之后，阁逻凤顾念他和唐朝的臣属关系，把唐朝阵亡将士的尸体葬在下关，人称“万人冢”，墓碑上写着“唐天宝战亡士卒之墓”，其墓现在还在大理的下关。

大历元年（766 年），阁逻凤在太和城中立碑表明自己是不得已叛唐的心志，即《南诏德化碑》，上面写着“我世世事唐，受其封爵，后世容复归唐，当指碑以示唐使者，知吾之叛非本心也”。意即：南诏王世世侍奉唐朝，接受唐朝的册封，以后如果能够得到唐朝的谅解允许重新归附唐朝，后世的子孙可以把这块碑指给唐朝使者看，表明自己是不得已叛唐的，并非是自己存心反叛。

天宝之战损失惨重，劳民伤财，很是不得人心，大诗人白居易在他的名作《新丰折臂翁》中借一位 88 岁的独臂老翁之口，对这次战争进行了强烈的谴责：“无何天宝大征兵，户有三丁点一丁，点得驱将何处去？五月万里云南行！闻道云南有泸水，椒花落时瘴烟起，大军徒徒水如汤，未过十人二三死。村南村北哭声哀，儿别爷娘夫别妻，皆云前后征蛮者，千万人行无一回。”天宝之战使唐朝丧失了在云南苦心经营 100 多年的成果，吐蕃却实现了多年来用兵征洱海地区所没能取得的胜利。

苍山会盟

唐朝李宓在太和城之战失败之后的第二年，安史之乱爆发，唐朝再也无暇顾及云南。南诏趁此时机大力发展自己的势力。公元 756 年，唐玄宗在成都避难，吐蕃命令南诏与之合力进攻四川，攻占了西昌、会理等地。此后 20 年间，南诏又接连控制了今天滇东、滇东北以至滇南等地。南诏的势力获得了进一步的发展。

公元 778 年，阁逻凤死后，因为他的儿子凤伽异早死，他的孙子异牟寻继位为南诏王。这年的冬天，吐蕃与南诏合兵 20 万，兵分三路企图攻取成都。但此时，安史之乱已经平定，唐朝派名将李晟率领精兵与地方武装联合大败南诏和吐蕃联军，联军损失惨重，吐蕃和南诏死伤有八九万人。但吐蕃却责怪南诏，把这次失败归因于南诏，异牟寻对此感到十分害怕，于是把首都迁到了阳苴咩城，此城后来一直作为首府直到大理国亡。这时的吐蕃改封异牟寻为“日东王”，由“兄弟之国”和“东帝”降为臣属关系。不仅如此，在南诏依附于吐蕃之时，吐蕃每次发动战争都以南诏为先锋，还

异牟寻议政图，石钟山石窟

征收很重的赋税和劳役，所以双方的矛盾很大。南诏几代王子的老师、原唐朝西泸县令、时任异牟寻清平官（相当于宰相）的汉族人郑回，趁机劝说异牟寻重新归顺唐朝，他对异牟寻说，自古以来南诏都是归附中国（唐王朝）的，中国崇尚礼仪，对南诏并不强取夺豪，现在和吐蕃决裂而归顺唐朝，自然就免了到边远地区戍守的苦差事，也可以免了吐蕃的盘剥，实在是利益巨大。异牟寻听从了郑回的劝告，但因害怕吐蕃的势力，暂时还不敢公开背叛吐蕃。

公元 785 年，韦皋任剑南西川节度使。当时吐蕃与唐朝关系十分紧张，唐朝为了对抗吐蕃，听从宰相李泌的建议，联合南诏。韦皋在朝廷授意下，多次致书异牟寻，劝他脱离吐蕃归附唐朝。公元 788 年，吐蕃再次发动对成都的劫掠战争，南诏被迫出兵，但在战争中南诏持观望态度，吐蕃大败，唐朝收复了很多失地。在此前后，韦皋又多次离间南诏和吐蕃之间的关系，南诏和吐蕃关系日益恶化。其中最令南诏贵族痛恨的是吐蕃强迫南诏大臣要多给子弟作为人质。贞元九年（公元 793 年），异牟寻决心归附唐朝，他把给韦皋的信一式三份，还在金镂的盒子里装锦、当归、朱砂、金子，分别表示对唐朝柔服、归附、赤心、意坚，同时还派了三批使者分别取道今天的四川、贵州、越南，到达成都，从成都再到长安。

苍山

贞元十年正月（公元 794 年 2 月），韦皋派崔佐到南诏首府阳苴咩城，和异牟寻的儿子寻阁劝会盟于洱海之滨的苍山，

双方约定南诏把吐蕃的势力驱逐出南诏，依附唐朝，南诏和唐朝从此互不侵犯，如果南诏有难，唐朝应该给予支援，这就是有名的苍山会盟。盟约共有四份，一份投入洱海；一份放在南诏神庙之中；一份留在大理城内，用以告诫子孙后代；另一份由崔佐带回成都，然后再由剑南节度使进献给唐朝皇帝。

苍山会盟之后不久，吐蕃向南诏征兵一万进攻回鹘，异牟寻虚与委蛇只给五千人马，暗地里却派了大批兵马跟随其后，在丽江地区突然发动对吐蕃军队的袭击，夺取了吐蕃的铁桥等16座城镇，俘获10万人。后来，南诏又和唐朝联合夹击吐蕃，把吐蕃的势力驱逐出了南诏。

苍山会盟之后的第二年，唐朝皇帝册封异牟寻为南诏王，并派礼部侍郎袁滋到大理，赐异牟寻银巢金印——“贞元册南诏印”。袁滋回唐朝之时，异牟寻又交出了吐蕃赞普赐的赞普钟印。至此，南诏在叛唐40年之后与唐朝又重归于好。

南诏亡国

元和三年（公元808年），南诏王异牟寻去世，其子寻阁劝继位，但寻阁劝在位仅一年就死去了。在寻阁劝之后的各个南诏王，要么残暴，要么年幼，废立之事全由权臣王嵯颠掌握。而此时的唐朝和吐蕃国势日衰。公元829年王嵯颠撕毁了与唐朝的盟约，对成都进行了大规模的劫掠。

大中十三年（公元859年），南诏王劝丰祐死，他的儿子世隆继位，但因他的名字犯了唐太宗李世民和唐玄宗李隆基的讳，唐朝不予册封。世隆于是自称皇帝，自号为“大礼国”，南诏与唐朝的关系再次恶化。在南诏内部，统治集团之间也不断发生内讧。南诏王世隆生性残暴，“亲戚异己者皆斩”；王嵯颠也被大军将段宗牓所杀。在南诏王世隆的统

治下，南诏不断发动对今天越南、广西、贵州、四川等地的掠夺战争，这更加深了南诏社会内部的矛盾。从此南诏成了唐朝的边患，这种状况持续了约有 20 年，直到南诏亡国。

南诏王世隆死后，其子隆舜继承了王位，但他长期住在善阐，耽于女色游猎，常委国事于大臣，谗信近臣，杀戮自己的部下，十分暴虐。公元 897 年，隆舜被近臣杨登杀死，其子舜化贞继位，清平官郑买嗣专权。公元 902 年，舜化贞死后，郑买嗣用计害死了舜化贞的儿子，并发动宫廷政变，处死了南诏蒙氏王室 800 多人。至此，几乎和唐朝相始终的南诏灭亡。

南诏灭亡之后，在南诏故地出现了一个极为混乱的时代，政权更迭十分频繁。在短短的 30 年的时间里就走马灯似的出现了三个以白族为主体民族的地方政权。

唐天复三年（公元 903 年），南诏清平官郑买嗣发动宫廷政变，推翻蒙氏南诏政权后，自立为王，改国号为“长和”，又称“大长和”。郑买嗣原是异牟寻时期清平官郑回的七世孙，因为世代居住在洱海地区，已经被白族同化，到郑买嗣时已被看做是白族人了。但郑买嗣在位期间并没有什么作为，倒是他为了表示对南诏蒙氏王室成员过多杀戮的忏悔，在公元 907～909 年间建立寺庙并铸佛万尊。郑买嗣死后，他的儿子郑仁旻当上国主，但他好服食金石丹药，容易急躁发怒而常常杀人，最终毒发暴死。郑氏的最后一代郑隆亶被剑川节度使杨干贞所杀，长和国郑氏灭亡。郑氏政权共传三代，共计 26 年。杨干贞杀了郑隆亶之后，拥立清平官赵善政为国主，改国号为“天兴”，又称“大天兴”。但赵善政对杨干贞不太驯服，杨干贞对此逐渐不能容忍，赵善政继位 10 个月之后就被杨干贞废掉。杨干贞自立为王，在公元 930 年改国号为“义宁”，又称“大义宁”。杨干贞在位 8 年，并没有什么作为，却由于自己贪婪暴戾，导致“中外咸怨”，引起了各方的强烈反抗。在反抗杨干贞的各派力量之中，段思平崭露头角，成为反对杨干贞的中坚力量。

二、千古兴亡谁家恨
——大理国始末

段思平与大理国的建立

段思平是今天大理阁洞塝村附近的人。段氏自南诏以来一直是贵族世家，担任南诏的大军将、军将等职。他的六世祖段忠国曾任清平官。虽然段思平出身于贵族世家，但幼年却相当贫苦。据《白古通记》记载，段思平当时无依无靠，贫困度日，时常在山中放牧。后来到部队做了小府副将，由于在军队中屡立战功，官职步步高升，直到做了通海节度使。因此，段思平在当地有很高的威信，同时也遭到了杨干贞的猜忌，并派人趁他返回苍洱的时候逮捕他。

段思平匆忙出逃，逃到下关时碰到了追杀他的士兵，他急忙跑进了崇恩寺中。搜捕他的士兵来到寺门口时看到门上蛛网尘封，料想寺中无人，就没有进去搜捕。段思平逃回通州之后，害怕杨干贞继续追杀，况且起义的时机还不够成熟。于是，他到巴甸的舅舅汉族大姓爨判家中避难。当时早就对杨氏不满的高氏的高方在善巨（今云南永胜）驻守，他知道了这个消息之后，就派人到巴甸请段思平到善巨共商起义。段思平接受了邀请，和弟弟段思良、军师董伽逻一起改名换姓，装扮成猎人前往善巨。在路途中夜宿一农家，看到房屋里有奇戟一把，他十分欣赏，就用一条狗换了这把兵器。相传当他逃到叶镜湖时，人们都说湖里有怪物在夜间出来吃人，行人都不敢在夜间从这里经过。但当段思平在夜间到达湖边时，只见湖中一道白光，就看见一匹白马趴在他的

面前，显得十分驯服。段思平收服了这匹千里马，日行千里，杨干贞派来的人再也追赶不上。一天，当他们到一片荒山中时，段思平摘了一个桃子来吃，剖开一看里面有两个字“青昔”。段思平对此很不理解，就问军师董伽逻，董伽逻说，“‘青’是十二月，‘昔’是二十一日。上天是在暗示我们在这一天起兵。”到达善巨之后，高方建议他联合早就对杨干贞不满的东方三十七蛮部共举大事。在高方的帮助下，段思平正式发兵起义，三十七蛮部赶来与他结盟。看到自己众心归附，段思平心中热血澎湃，在众人面前发誓说，承蒙各位义士鼎力相助，如果以后得了天下，一定不会辜负各位，既然患难与共，自然同享富贵。段思平自此揭起了反对杨干贞的义旗。

公元 938 年 1 月 24 日（阴历十二月二十一日），段思平率领部下从今天的曲靖出发，联合“东方三十七蛮部”的兵力，向洱海地区进军。在战争初期，战事进展顺利。但是段思平却做了三个怪梦，他梦到自己被人斩了脑袋，又梦到一

曲靖

只缺了耳的玉瓶和破碎的镜子。他认为这是不吉利的，感到很害怕，停止了前进。董伽逻对他说，“这三个梦都是吉利的征兆，你是丈夫，‘夫’字去了头就是‘天’了，就是说你要做天子；没有耳的玉瓶呢，就是说‘玉’字没有耳就是‘王’了，这也是王者的征兆呀；镜子中有影子，就像人有敌人那样，镜子破了就没有影子了，没有影子了就像人没有了敌人。所以说这三个梦都是吉祥的征兆。”段思平因此坚定信心，开始了大规模的讨伐杨氏的征战。当段思平兵至河桥时，杨干贞重兵把守，不能过河。忽然看见江边有一个洗衣服的老妇人，老妇指给他过河的道路，并对他说，“人从我江尾，马从三沙，尔国名大理。”这个妇人乃是神仙所化，段思平过河之后，老妇随之不见。大军过河之后，杨干贞的政权土崩瓦解，义宁政权到此结束。

公元 938 年，段思平自立为王，改国号为“大理”，改元文德，建都阳苴咩城（今云南大理）。大理之“理”同“治”，又有“大治”的意思。段思平建国之后，进一步实行分封制，把土地和人民重新封给他的臣属，兑现自己的诺言，又对洱海地区的农奴实行减免赋役，宽免税粮。同时对杨干贞时期的弊政也进行了改革，把杨干贞的朝廷中的奸邪之徒尽数赶走，对罪大恶极的明正处罚，表彰忠臣。此外，废除了杨干贞时期的严刑峻法。段思平的这些措施都颇得人心，也顺应了当时社会的发展趋势，对大理社会的发展起到了重大的促进作用。

段思平在公元 944 年去世，死后他的儿子段思英为大理国主。但段思英在其父亲活着时就被认为是个不肖子孙。因此段思平在临死前告诉他的弟弟段思良说，“吾子非承大业者，尔其善续吾续。”段思英在继位之后不听劝谏，胡作非为。他的叔父段思良和董伽逻废除了他，让他出家做了和尚，段思良当了大理国主。此后一直都是段思良这一支继承大理国国主，直到大理国第 11 个国王，才由段思平的一支，他的曾孙段思廉为大理国国主，世代相承直到大理国亡国。

宋挥玉斧

在大理建国之初，中国内地正处在四分五裂之中，直到公元 960 年赵匡胤建立宋朝之后，中原才基本上结束了分裂割据局面。大理国一直想同中原王朝取得联系，得到中原王朝的册封。在宋太祖平定四川之后，大理国就派人给宋王朝送信，要求双方通好。后来，宋太宗封大理国主段素顺为“云南八国都王”，还曾派人在大渡河上造船以便利大理国入贡。宋王朝后来也分封了一些大理国的国主，但一直都没有正式的册封。在公元 1117 年，大理国派使臣到达开封，宋朝正式册封大理国国主段正严（段和誉）为“金紫光禄大夫、检校司空、云南节度使、上柱国、大理国王”。

但是，宋朝是一个政治、军事上比较衰弱的王朝，北方和西北被辽和西夏占据，后来女真族建立的金朝取代了辽朝，给宋朝造成更大威胁。在这种情况下，宋朝政府中的一些大官僚认为，对西南方的大理也必须加以戒备。他们总结唐朝覆亡的历史经验说：“有国者知戒西北之虞，而不知祸生于无备。汉亡于董卓，而兵兆于冀州；唐亡于黄巢，而祸基于桂林。”意思是说，历代王朝都对北方和西北的少数民族保持高度警惕，但却不知道祸患生于没有防备之处；唐朝虽然亡于黄巢之乱，但祸根在于唐朝曾经调徐州的军队去桂林戍守南诏，因为后来这些军队自动回家，在徐州起义，沉重地打击了唐朝的统治。因此，宋朝一直对大理耿耿于怀，对大理要求加封的事情一直不够爽快。公元 989 年大理国主段素英曾向宋朝进贡并要求加封，宋朝仅仅是表示大理国主要“善育人民，谨奉正朔，登封之请，以俟治平”。在公元 1117 年宋朝加封段正严的那一年，有人提议在大渡河外设置城邑，以便利双方的互市。当朝廷向黎州（今四川汉源）刺史宇文常了解情况时，宇文常却说：世祖皇帝（赵匡胤）曾

经手执玉斧（文房古玩）沿着地图上的大渡河一划说，和大理国就以大渡河为界，大渡河以外的地方宋朝不再要了，从此宋朝保证了150年没有西南藩国的叛乱。现在如果在大渡河外设置城邑，恐怕重开边患，还是不要设置城邑的好。这就是广为流传的“宋挥玉斧”的故事。到南宋时还有人对此进一步地发挥，说宋太祖以玉斧划大渡河为界后，大渡河有一段河床突然下降了五六十丈，从此大渡河再也不能通航，以此来证明不能与大理国来往是天意。这种说法显然是站不住脚的，宋朝初年根本没有这方面的记载，这只不过是宋朝统治者的一种借口而已。其实，宋王朝是在经历了五代十国的大分裂之后建立起来的，虽然结束了割据混乱的局面，但在宋朝建立之初，内部还不巩固，北部还有辽和契丹的威胁，北宋还没有太多的力量向云南大举用兵。但无论如何，大理国还是和北宋主动保持了臣属关系，并接受宋朝皇帝的册封。在宋朝的300多年里，从来没有对大理国用兵，双方始终保持着礼让的关系，和平共处，为云南的经济和社会发展提供了一个良好的条件。

高氏与大中国

在大理国内部由于实行的是分封制，各地的封建领主的实力不断增强，使大理国主的力量不断受到削弱。而各封建主力量的不平衡，又导致了国内政治上的动乱。大理国主段思廉时期，大理杨氏东山再起，最后发展到与段氏争夺政权的地步。公元1063年，杨允贤在洱海地区发动叛乱，段思廉却无力压制，只好借助于东部岳侯高智升的力量，才把杨允贤的叛乱镇压下去。在镇压叛乱之后，高智升被封为善阐侯，与此同时还把大理国王的直辖领地的一部分也封给了高智升，高氏的势力得到了极大的扩张，但杨氏家族在洱海地区的势力仍然存在。公元1080年杨氏家族中的杨义贞在洱

海地区又发动叛乱，杀死了段思廉的儿子、大理国主段廉义自立为帝，称“广安皇帝”。但杨义贞称帝仅仅四个多月，就被高智升和他的儿子高升泰联合东方三十七蛮部的势力打败。高氏立段廉义的侄子段寿辉为大理国主，从此高氏不仅控制了滇池地区，并发展到了洱海地区，成为大理国中势力最为强大的封建主。

大理国王

鉴于高氏的功劳和强大的势力，大理国主段寿辉不得不以高智升为相国，并封他的儿子高升泰为善阐侯。段寿辉在位仅一年，就把王位禅让给了段廉义的另一个侄子段正明，自己出家为僧。段正明在位 13 年后，于公元 1094 年禅位给高升泰，自己出家为僧。

高升泰当上大理国主之后，改国号为“大中国”。大理段氏中断。高升泰在位两年，各封建领主不服，段氏王室成员也不甘心。高升泰对此十分了解，所以在临死时对他的儿子高泰明说，段氏衰落，国人才推举我为大理国主，我是不得已才这样的，现在段氏的子孙已经长大，应该把国主之位还给段氏，你们以后的子孙一定不要学我这样。高泰明遵从他父亲的遗命，还政给段氏，立段正明的弟弟段正淳为大理国主，此后的大理国又称“后理国”。在后理国期间，高氏世世代代都为相国，人称“高国主”，政令都出自高氏，段氏只是拥有虚位而已。

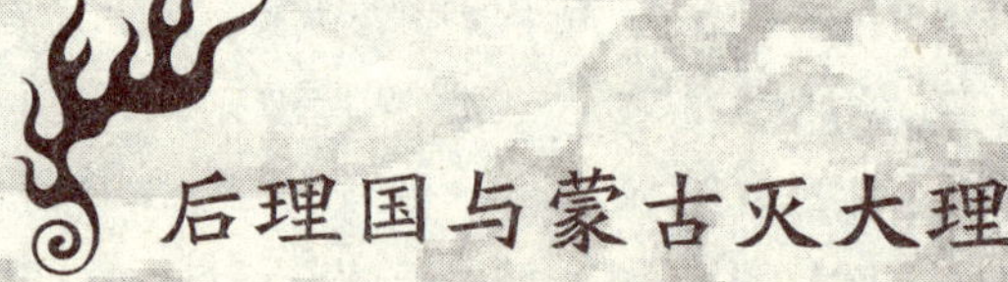

后理国与蒙古灭大理

高氏建大中国显示了大理国内封建领主势力的强大，虽

然后来高氏迫于压力还政于段氏，但高氏仍然拥有很大的权利。为了进一步加强高氏家族的势力，高氏凭借自己在段氏王朝中的地位，大肆分封自己家族的子弟到各地为世袭领主，企图以此来加强本家族的势力，后理国相国的职务则多由高泰明的一支子孙继承。但是却事与愿违，高氏各封建领主在分封之后，各自为政，都在自己的领地里发展自己的势力，最后不仅没有能够出现地方上的家族势力支持中央家族的局面，相反却进一步加剧了他们之间的割据和分裂。

例如，在洱海地区的高氏封建领主为了争夺后理国相国的职位，常常兵戎相见。在后理国主段正严后期，威楚府高明量的儿子高量成从他的堂兄弟高顺贞手中夺得了相国之位。于是他挟持段正严，对各地的封建领主和部落首领区别对待，对于顺从的进行分封，不顺从的兴兵讨伐。高量成后来把相国之位让给了他的侄子高寿贞，高寿贞死后相国之位由其弟弟高寿昌继任。但高寿贞之子高贞明在世守滇池地区的高观音隆的支持下，驱逐了高寿昌夺得相国之位。可是高寿昌的部下起兵击败高观音隆，将相国的职位又夺回给高寿昌。但失败之后的高贞明退居谋统府，自称“明国公”，与“中国公”的相国高寿昌相对立。可见高氏内部围绕相国职位的争夺十分复杂激烈。

与高氏内部之间争权夺利的斗争同时，其他各封建主也各自割据一方，相互混战，例如东方三十七蛮部就相互征伐不已。对此，后理国主无能为力。元朝初年在追述后理国末期的情况时称，“酋领星碎，相为雄长，干戈日寻，民坠涂炭。”虽然国内动乱不堪，但后理国主仍然过着花天酒地穷奢极欲的生活。例如段素兴，此人喜好游玩狎妓，史书记载他，本性喜好游玩狎妓，在东京建造大量的宫殿，种上各种奇花异草。在登堤上种黄花，称为“绕道金棱”；在云津桥上种白花，称为“萦城银棱”。每年的春天，他都要带上很多艺妓和美酒，斗草簪花，昼夜行乐。后理国主荒淫无度至此，大理国的末日不远了。

国内动荡的政治局势，再加上后理国主的荒淫无度，各

地人民实在无法忍受，反抗活动此起彼伏，尤其是东方三十七蛮部的反抗最为激烈。后理国的国势在封建割据和人民的反抗斗争之中日益衰退，政权处在风雨飘摇之中。

公元1206年，铁木真建立蒙古政权，很快就灭掉了西辽、西夏和金朝，消灭南宋迅速提上了蒙古的议事日程。为了从南北两面夹击南宋，公元1244年蒙古派一支军队从今天云南的丽江地区进攻大理国。但是被后理国的大将高禾击败，蒙古军队退回。三年之后南宋使者还到大理吊唁阵亡将士，以表彰大理国抗击蒙古人的功绩。公元1252年，忽必烈率领大军征讨大理。1253年忽必烈率领十万大军，经今天的甘肃、宁夏到达四川，之后就兵分三路，过大渡河，抵金沙江，然后到达丽江，当地的一些部落首领在蒙古大军压境的情况下纷纷投降。忽必烈派使者到大理招降大理国主，但相国高祥拒绝了招降的使者。于是忽必烈攻破大理城，高祥被杀，大理国主段智兴逃到滇池地区。公元1254年忽必烈班师北还，蒙古大将兀良合台继续进军，在昆泽俘虏了段智兴，平定了云南。

忽必烈像

至此，几乎和宋王朝相始终的大理国亡，段氏前后共传22主。此后，元朝在云南建立云南行省，但鉴于段氏在大理的影响，仍封段氏为世袭大理总管，又传了11代。

元世祖平云南碑

三、大理都城变迁

太和城

蒙舍诏诏主皮逻阁在唐朝的支持之下很快吞并了其他五诏，统一了洱海地区。唐朝开元二十六年（公元 738 年），唐朝皇帝册封皮逻阁为云南王。公元 739 年，皮逻阁把都城从巍山迁到了太和城。太和城之得名，乃是因当时当地的民族语言中称山坡为“和”，所以这座建在半坡之上的城市就被称为太和城，也有称为大和城的。

大理太和故城遗址碑

太和城旧址在今天大理县城和下关市之间的太和村西边，距离大理县城约有 7.5 公里。太和城西靠苍山，东邻洱海，城的西面和东面都不需要修筑城墙，可以说占尽了地利之便，易守难攻。因此，在此建都具有很重要的战略意义。可惜的是，今天的太和城只剩下了南、北两道城墙的遗迹。但即使从这仅存的遗迹来看，当年太和城的盛况仍然可见一斑。太和城的北城墙西起苍山佛顶峰，向东一直延伸到洱海之滨，长约 2 公里；南城墙起自五指山山麓，向东直达洱边村。据考古发现，这两道城墙都是用夯将土一层层夯实筑成的，城墙坚固异常。直到今天保存较好的地方还高出周围 3 米左右。

在太和城内还有一个小城，被称为金刚城。这座小城建

在佛顶峰上，居高临下，视野十分开阔，再加上住在山上夏天的时候比较凉爽，因此被南诏王室用做避暑宫殿。它的四周也有用土夯成的城墙围护，并和太和城的北城墙西端连在一起。只因这座小城在修建的时候，唐朝正好赐给南诏一部《金刚经》，所以这座小城就被命名为金刚城。金刚城在今天只剩下了一个土台子，当年的王室避暑宫殿应该就建在这个土台子上面。

由于资料的匮乏，人们对当时太和城内的街道和房屋以及宫殿的布局并不清楚。人们只能靠推测来判断当时整个城市的布局。有人根据南诏德化碑被立于国门之前推测，这里所说的国门应当是南诏王宫的宫门，因此在德化碑以西的地方可能就是王室的宫殿所在，这里是全城的制高点。而在德化碑以东，大概就是南诏王室官员们的住宅区和驻扎军队的地方。大理多产石头，当时的太和城也是就地取材，全用石头筑成。唐朝人樊绰在《蛮书》中有这样的一段记载，“大和城……巷陌皆垒石为之，高丈余，连绵数里不断。”太和城简直就是一座石头城，直到今天在大理地区的白族居民在建筑房屋时还多以石头做材料。

阳苴咩城

太和城从公元 739 年开始作为南诏的都城，直到公元 779 年南诏王异牟寻将都城迁到阳苴咩城止。太和城作为都城共有 40 年的时间，此后阳苴咩城作为都城一直到大理国亡。阳苴咩城又称“紫城”；在阁逻凤时期，也就是公元 8 世纪中叶，又被称为大理城，但“大理”之名被普遍接受是在大理建国之后。

早在六诏时期，阳苴咩城就是一个比较大的村落，在一定程度上可以说已经具有城镇的规模了。南诏占领该城之后并没有重视这座城镇，直到阁逻凤时期才对它加以扩建。异

阳苴咩城遗址

牟寻把都城从太和城迁到阳苴咩城之后，对它重新进行扩建，使它具备了都城的规模。

阳苴咩城在今天大理县城西的崇圣寺三塔附近。和太和城一样，阳苴咩城也是西傍苍山，东邻洱海，以苍山洱海天险来作为东西的屏障。所以，阳苴咩城也是只修筑了南北两道城墙。因此阳苴咩城只有南北两座城门，而没有东西城门。在今天这两段城墙只剩下北城墙的一段，也有一公里长，最高处高出地面四五米。

据樊绰的《蛮书》记载，阳苴咩城周长 15 里，在城内分布着南诏王的宫殿和高级官吏的住宅，以及平民的住宅。这座城市极力模仿中原都城的样式，在南北城门之间修建一条大道，作为整个城市的中轴线。在城市的中间有一座高大的门楼，在这座门楼的左右两边各有二丈多高用青石板铺成的台阶。从这座门楼向里走，大约有 300 步左右，就到了第二座门楼，它的两边又有两座门楼相对而立。这两座门楼之间的地方是当时高级官员如清平官、大军将、六曹长的住宅。过了第二道门，再往前走大约 200 步就到了第三道门，门前放着兵器等物品，门上有二层楼。第三道门的后面有一面照壁，绕过照壁就看到一个大厅，这座大厅十分雄伟，厅前有一丈多高的台阶。然而更奇特的是，在这座大厅里面，层层叠叠地分布着无数的小屋，但是却连一根柱子都没有。这种建筑结构，是中原自六朝以来就流行的一种无梁殿式的建筑样式。过了这座大厅，后面还有一个小厅，在小厅的后面就是南诏王和嫔妃们的宫室了。据史籍记载，当时阳苴咩城的城市布局和房屋的建筑风格和中原基本上是一样的，可见当时南诏和中原王朝的交流达到了一种很高的程度。

当时在阳苴咩城内，还有一处著名的建筑——五华楼，

这座楼是南诏王劝丰祐在公元856年修建的。据说这座巨大的楼周长有5里，高达100多尺，上面可以住上万人，下面还可以竖起5丈多高的旗杆，当时这里是南诏王用来接待西南各部落酋长的宾馆。忽必烈征云南时，曾经在五华楼前驻过兵，但后来毁于兵火之灾，到明代时已经无迹可寻。

阳苴咩城由于建在苍山洱海之间的一个狭长的地带内，虽然筑了南北两道城墙，还是很容易被攻破的。有鉴于此，南诏王为了拱卫都城，在阳苴咩城的北端修筑了龙首城，在城的南端又修筑了龙尾城，这样在都城和外界之间建立起了两个缓冲的城镇。这样，再加上有东西两面苍山洱海天险为屏障，首都的安全得到了保证。

龙首城和龙尾城都是在皮逻阁的时候就开始修建的。龙首城和阳苴咩城一样，同样也只是修了南北两道城墙，是从苍山上一直延伸到洱海边缘。现在龙首城还有一段城墙的遗迹，保存较好的地方高出地面达10米左右。龙尾城在今天的下关附近，已经没有什么遗迹，但是据《蛮书》记载，龙尾城曾经十分壮观，“萦抱玷苍南麓数里，城门临洱水下。”在龙首城和阳苴咩城之间还有一座城叫大厘城（在今天的喜洲），据史书记载城内人口十分众多，南诏王在里面也建造了自己的宫殿，作为自己的行宫。

南诏之后虽然政权更迭频繁，战争不断，但阳苴咩城并没有遭到大的兵火之灾，因此受到的破坏比较小。在大理建国的300年中，也只是对城内的建筑进行了扩建和维修，但从整体来说，整个城市的规模并没有太大的变化。

今下关城

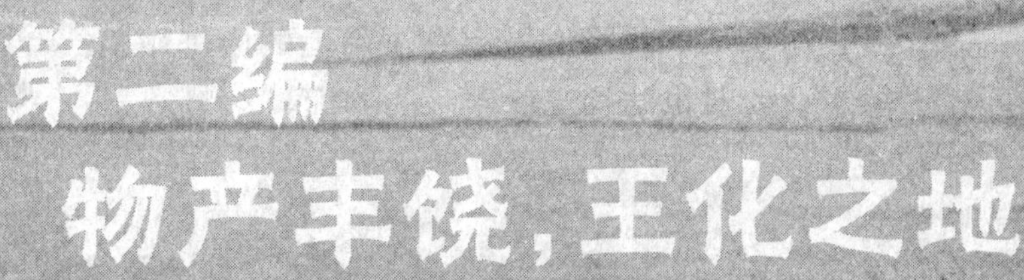

第二编

物产丰饶，王化之地

洱海地区地形复杂，既有崇山峻岭、深渊峡谷，又有宽敞坝子、湖沼水泽，为其经济发展提供了十分便利的自然条件。洱海地区很早就有人类居住，在这里发展了比较先进的农业和畜牧业。到南诏和大理国时期，洱海地区和中原的物质文化交流更加频繁，中原的农业生产技术不断传入苍山洱海，对当地的经济发展起到了巨大的促进作用，洱海地区的经济在此时也达到空前繁荣的局面。

一、率土之滨，莫非王臣

南诏的社会经济形态，是奴隶制占据主导地位，而大理国时期的社会经济形态基本上是封建领主制，在南诏和大理国之间的长和、天兴、义宁三个短暂的王朝则处在从奴隶制向封建制发展的过渡阶段。但是南诏和大理国时期，由于地形的复杂各地经济的发展水平并不一致，一般说来，洱海地区的经济要比其他地区更为发达，而其他一些地区一直到中华人民共和国建立之后还处在奴隶制阶段。

奴隶制的发达

早在西汉时期，在我国的西南地区就出现了一些奴隶制政权，例如当时的夜郎国。但是在这一地区始终没有出现一个统一的地方政权，各部落之间相互混战不已，社会发展远远落后于中原地区。但是自蒙舍诏在唐朝支持下统一洱海地区之后，奴隶制在洱海地区得到了确立，开始在全境内占据主导地位。

南诏时期，统治阶级是以南诏王为首的奴隶主阶级，他

们包括蒙氏王室和各级大小文武大臣；被统治阶级则主要是奴隶和平民，另外处在社会最底层的还有一些少数民族，他们在被南诏征服之后变成了集体奴隶。

南诏的境内的土地全部归南诏王所有，这些土地的除了征服而来的土地之外，还有南诏贵族依靠武力强迫当地民族迁徙而强占的这些民族世代生活的土地，例如在滇池地区。南诏王把自己管辖的土地采用“授田制”的办法分封给大大小小的各级官吏。据《云南志》记载，当时分封的情况是：上官给田四十双，相当于中原的两顷；上户给田三十双，相当于中原的一顷半；中户、下户依次递减。这里所指的上官应该是清平官、大军将等政府的高级官员；上户和中户应该是指政府中的比较高级和中下级官员；下户则应当是当时大多数村庄中的自由民。南诏的每双相当于汉制的5亩。当然王室和清平官等高级官员的土地一般都封在比较富庶的洱海周围。

当时南诏奴隶的来源，主要是战争中的战俘。例如，蒙舍诏在统一洱海地区之前，六诏之中的邆赕诏起兵反唐，唐朝姚州都督李蒙率领大军讨伐，但遭到了沉重的失败，判官郭忠祥被俘虏为奴。《新唐书》中详细地记载了郭忠祥被俘为奴的故事，被卖为奴之后他的主人“苦役之”，“鞭笞甚至”，后来逃跑不成被抓回，再次被卖为奴隶。可见当时战俘为奴的事情已经是十分平常的了。南诏统一洱海地区之后，对唐朝时附时叛，一度成了唐朝的边患，在他发动的对唐朝的历次战争中，都俘虏了大量的汉族人，其中有很多是当地的技工。唐玄宗年间与南诏的天宝战争，唐朝二十万大军全军覆没，这些人不可能全部被杀死，其中的很大一部分都被变成了奴隶。在唐朝至德年间，南诏进攻唐朝的嶲州时，大肆掠夺人口，据史书记载，“子女玉帛，百里塞途，牛羊积储”。太和三年（公元829年），南诏进攻四川成都，“乃掠子女、工伎数万引而南”。唐朝咸通元年到四年（860—863年），南诏攻陷唐朝的安南都护府，杀死和俘虏的人有十五万人，其中汉族人为多数。对这些战俘除了少数有

奴隶被用来生产以及服侍统治阶级

文化的人得到重用外（如郑回，曾做南诏王的清平官），大部分的人都被变成了奴隶。除了发动对唐朝的掠夺战争外，南诏对它周围的少数民族也发动了大规模的战争，有些少数民族甚至整个部落被南诏征服，沦为集体奴隶。例如东方三十六蛮部，南诏王通过他们的首领可以随时征调他们服役。

在南诏时期，奴隶被广泛地用于农业和手工业的生产。据《云南志》记载，佃人“悉被城镇蛮将差蛮官编令监守催促。如监守蛮乞酒饭者，察之，杖下捶死。每一佃区、佃疆连延或三十里，……收刈已毕，蛮官据佃人家口数目，支给禾稻，其余悉输官。”在这段文字中，所谓的“佃人”就是指奴隶；“监守”就是监工，这些监工如果向奴隶讨要酒饭，被发现之后要被处死；收获之后，按照奴隶家庭人口的多少分给口粮，其余的都交给了奴隶主。南诏的纺织业本来并不发达，但是从成都掠回了大量的汉族技工，这些技工被变成奴隶，为南诏王室和贵族生产丝绸等。另外，很多的奴隶还被用于修建道路、建造城市、采矿等。南诏王曾在太和城内兴建五华楼，结果引起了500奴隶的大起义。

在南诏时期，除了奴隶之外，还有很多的自由民，他们原来都是部落时代本部落的成员，这些自由民住在村邑中，被称为“村邑理人处”。他们从南诏政府中获取一定的土地，自己耕种。他们要给政府缴纳少量的赋税，对南诏王室最重要的义务是当兵作战，其他各种徭役一概被免去。

南诏和中原的物质文化交流十分活跃，中原先进的生产方式也便传入南诏地区，南诏奴隶制受到很大的冲击，逐渐不能适应社会经济的发展。奴隶的起义此伏彼起，奴隶不再

被视为财富的象征，简直成了奴隶主的一种负担。南诏王世隆后来对唐朝的战争，所抓获的战俘不再被贬为奴隶，而是割掉鼻子和耳朵，然后放走，结果造成当地居民之中有很多人安着木制的鼻子和耳朵。奴隶制走到了崩溃的边缘。

封建制的兴盛

在奴隶制崩溃的同时，新兴的封建主逐步在政治上占据了主导地位。当时，大军将段宗牓、郑买嗣等就是这些人的代表。在经济上，他们采用封建的剥削方式，解放奴隶，把它们变成封建农奴。南诏灭亡之后，长和、天兴、义宁政权的频繁交替，其实就是奴隶制和封建制之间的斗争。段氏建立大理国，标志着封建制在洱海地区的确立。

大理古城

段思平建国之后，在在全境范围内推行封建制。他首先实现自己在起义时许下的诺言，减轻了农奴的负担，还解除了一些少数民族部落的集体奴隶地位。段氏实行的分封制实际上是一种封建领主制，大理国主是最大的封建主。他把自己辖区内的土地分封给下属，这些下属要对大理国主纳贡。例如，在段正淳在位时期，善阐侯高氏向他进贡了“金马杖八十节”；段和誉在位时期，各地领主向他进贡的贡物数以万计，牛马等牲畜遍布苍山。各地的封建领主还要向大理国王提供一定的兵力。例如在北宋嘉祐八年（1063

年），洱海地区的领主杨允贤叛乱，大理国主是依靠滇池地区领主高氏的兵力，才把叛乱镇压下去。

封建领主在自己的领地内是世袭的，是“管土管民”。他们又把自己的领地分成很多较小的区域分封给自己的下属，又形成了更小一级的封建领主。

大理国时期直接从事生产的主要是农奴，他们来自原来村社中的自由民和被释放的奴隶。农奴生活在村邑之中，由地方的基层管理者（村邑理人处头人）将自己村社的土地分一份给农奴，让他们耕作。但是，他们必须向所属的封建领主提供一定的徭役和实物贡税。元朝之后，白族地区的一些土司土官就是这一时期封建领主的后裔，他们仍然保留着原来的封建领主权利，通过村寨头人把小块的土地分给农奴耕作，然后再通过这些村寨头人向他们征收徭役和各种实物税。

二、稻花香里说丰年

水稻的种植

洱海地区地形复杂，幅员广袤，气候多样，物产极其丰富。早在远古时代就有人类在此定居。从现有的考古发掘来看，早在几万年前这里就有了原始的农业生产，他们采用刀耕火种的方法，每当播种季节到来的时候，他们使用最简单的石制工具砍倒森林和灌木丛，放火烧山，用灰烬作为肥料，撒上种子后就万事大吉，只等收获季节的到来。随着时间的推移和中原王朝对云南的经营，中原的农业技术不断传入洱海地区，洱海地区的农业有了很大的发展。据史书记载，到唐朝初年，洱海地区农业的种植和收获已经和中原差不多了。

但大理地区最具特色的农业作物要数稻谷的种植了，洱海地区稻谷的种植历史十分悠久，是我国最早种植稻谷的地区之一。在元谋大墩子新遗址出土的陶罐中发现了大量谷物的碳化物，经过专家鉴定这种稻谷属于粳稻，这表明早在三四千年以前云南境内的先民们已经开始种植水稻。

东汉时期，大理地区的的水稻种植技术已经达到了相当高的水平。在大展屯东汉二号墓曾经出土了一个“水田与池塘陶模”，陶模的出土中分说明了当时种植水稻技术的进步。出土的这个陶模总体上呈圆盘型，直径有三十公分。圆盘共分上下两部分，上面为一个蓄水的池塘。在池塘里还分布着鱼、田螺、青蛙、泥鳅、莲花之类的水生动植物；下面则是大大小小十个不规则的方格，用来表示水田。在池塘和水田

水田

的中间还设置了泄水口。显然这是一个人工修筑的池塘，用来浇灌农田。这件文物的出土时对当时洱海地区种植水稻场景的生动描述。

到了南诏时期，在整个云南地区水稻的种植已经十分普遍。《云南志》记载当时水田的情况是，“从曲靖州以南，滇池以西，土俗唯业水田。”大理的很多地区的居民很早就学会了稻谷和大麦轮播的技术。《云南志》记载，从八月收获稻子之后，至十一月十二月之交，就在稻田中种大麦，到了三月四月就成熟。收大麦后，还种粳稻。这种稻麦复种的耕作方法，需要相当高的农业技术和良好的排灌设备，由此可见当时南诏的农业水平已经达到了很高的程度。

大理建国之后，水稻的种植又有了进一步的发展，这主要表现在农田水利设施的修建上。大理国段思平在位期间，十分重视水利设施的建设。今天祥云的段家坝就是段思平开国之初修建的灌溉工程。大理国主段素兴时期，在善阐（昆明）治理和疏通了金棱和银棱两条河流，虽然他经常在河堤上种植花草，日夜行乐，还引玉楽山下的菩提泉、文殊山下的九殊泉、商山下的冷泉等三泉的泉水行乐，但他开凿筑堤对附近的农业也起到了巨大的作用，尤其是对水田的发展提供了很大的便利。大理国的农业后来达到了很高的程度，据

大理段家坝的稻田

北宋杨佐的《云南买马记》中记载他在到达大理的时候，当时当地的生产情况已经和四川的资中、荣县相当，可见当时大力农业的发达程度。元朝初年郭松年巡视大理时，曾写道，“冬夏无暑，四时花木不绝。多水田，谓五亩为一双。山水明秀，亚于江南，麻麦蔬果，颇同中国（指内地）。”由此可见，后理国时期农业也得到了很大的发展，水稻逐渐成为大理地区主要的农作物。

农耕技艺的提高

南诏时期，中原先进的农耕技艺也传到了大理地区，例如“二牛三夫”的耕作方法，这种耕作方法有被称为“二牛抬杠”法。这种耕作方法，需要两头牛来牵引，三个人合作来完成。在耕作过程中，为了避免两头牛的牛角相撞，必须用一根比较长的横杠架在两头牛的肩上，使它们之间相隔七八尺远；一人在前面负责牵着牛，一个人坐在中间杠上负责把握犁地的深浅，另一个人在后面把着犁把以掌握方向。这种三人两牛的犁法在想在看来是十分笨拙的，但在当时是相

南诏图传中关于二牛三夫耕田法的图片

当先进的了。在《南诏图传》的画卷之中，对这种耕作方法也有描绘。犁的运用，尤其是有畜力牵引的铁犁的运用，使得劳动效率比以前用锄要提高了很多倍。因此，犁的运用在大理农业史上是一个巨大的进步。当时采用这种笨重耕作方法，一是与当时驯牛的技术比较差有关，另外也是因为大理地区的土质比较坚硬，必须要用两头牛才能拉动。

当时在南诏，田地的计量单位也是用这种“二牛三夫”犁一天耕作的田地为标准的，称为“双”。一双地就是这种耕田法一天所耕种的田地面积，一双地相当于中原制度的 5 亩地。这种用双作为计量田亩的制度一直沿用到明代，但不同的是一双地的大小变了，一双地降到了只有 4 亩。直到现在在洱源三营的一些地区仍然使用这种耕作方法，但大部分地区都已经变成了二牛一夫、二牛二夫、一牛二夫的耕作方法了。

畜牧业的进步

南诏时期的畜牧业也相当的发达。早在蒙舍诏统一洱海

地区以前，当地已经有了马、牛、猪等各种家畜，“六畜”都已经具备。据《云南志》记载，当时“猪、羊、猫、犬、骡、驴、兔、鹅、鸭，诸山及人家悉有之。”

提到南诏的畜牧业不能不提起洱海地区养马的盛况。当时马不仅分布地区很广泛，而且数量也很多。贞元十年（794年），当唐朝使臣袁滋到达南诏境内时，沿途来迎接的人大多数都骑着马，据称当时来迎接唐朝使者的马队有一千匹之多。南诏的马不仅数量多，而且向来是以多产良驹著称。《云南志·云南管内物产》中记载，“马出越赕川东面一带，……有泉池美草，宜马。初生如羊羔，一年后，纽莎为拢头縻系之。三年内饲以米清粥汁，四五年稍大，六七年方成就。尾高，尤善驱驰，日行数百里，故世称越赕骢，近年以白为良。藤充及申赕亦出马，次赕、滇池尤佳。东爨乌蛮中亦有马，比与越赕皆少。一切野放，不置槽枥。唯阳苴哔及大厘、澄川各有槽枥，喂马数百匹。”在越赕实行的这种“野放”法，就是所谓的“群牧养马法”。相对于中原的圈养法来说，这种养法对马的生长和野性的保持更加有利，所以多产良马。

大型牲畜中除了马之外，南诏时期牛的畜养量也很大，尤其是黄牛，甚至“一家便有数十头”。为了适应南诏地区马和牛的大量畜养，政府加强了对牛和马的管理，设立了专

茶马古道上驮运货物的马匹

门的政府机构来管理，管马的官员被称为是“乞托”，管牛的则被称为“禄托”，这些专司畜牧业的专职机构的设立反过来又大大促进了畜牧业的发展。

大理国时期的畜牧业仍然以马为主，和南诏相比，大理国时期的养马业得到了长足的发展。据称在段正严时期，仅各地上贡给大理国主的牲畜如牛马之类就遍及点苍山，可以想见当时马匹数量的繁多。和南诏时期一样，大理不仅向中原王朝进贡马匹，而且在和中原王朝的贸易中，马匹仍然是大宗。

三、大理兵器制造

南诏三宝

大理不仅物产丰富，能工巧匠更比比皆是。大理刀、浪川剑、象皮胄在南诏和大理国时期已经成为洱海地区手工业发达的重要标志。

早在西汉时期，云南就有了冶铁业，并能够制造锋利的铁制兵器。蒙舍诏统一洱海地区之前，当地的铁质武器的使用已经相当普遍。南诏在统一洱海的过程中，战争接连不断，武器的数量和质量也得到了突飞猛进的发展。而在这些武器之中最负盛名的当推铎矟、郁刀、南诏剑最为有名。

铎槊图片

铎矟，又名“铎槊”，是古代一种装着长柄的兵器。当时南诏的铎矟柄部饰以黄金，十分锋利，据说可以洞穿一切，就是史书中所说的“所指无不洞也”。虽然有些夸张，但我们仍可以看到当时这种武器的锋利程度。这种铎矟十分名贵，南诏王每次外出或出征时都要随身携带。郁刀，当时又称“郁刃”，其名贵程度仅次于铎矟，具体的锻造方法被作为秘密，从不向外人透漏，我们今天更是无从得知。当时人们所知道的只是

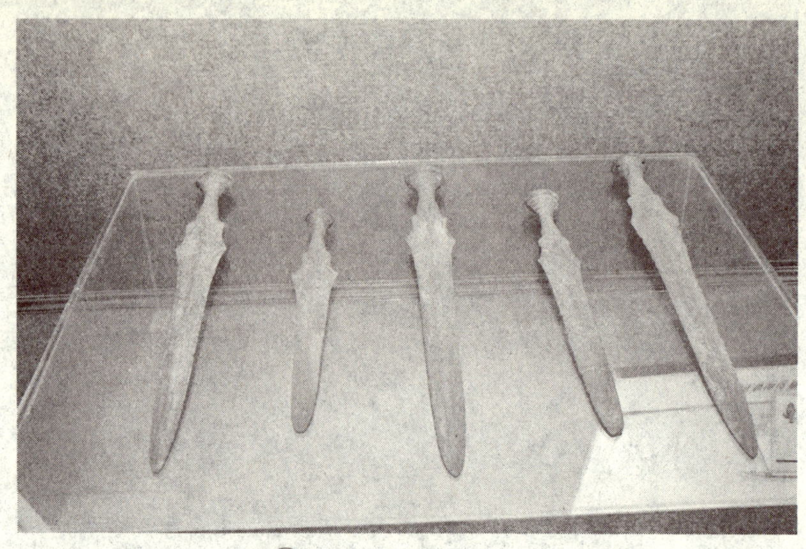

南诏剑图

在打造的时候要用毒药、虫、鱼，淬火时要用白马的血。据说，这种刀上带有剧毒，砍到人后即使是轻伤也会致死。而南诏剑则是一种比较普遍使用武器。据《云南志》记载，当时南诏人不论贵贱，都是剑不离身。据说，这种剑的铸造方法是，“锻生铁，取迸汁，如是者数次，烹炼之。剑成，即以犀装头，饰以金碧。”在南诏剑中最有名的当是“浪剑”，因他的产地在三浪诏的故地，所以又称“浪川剑”，其锋利程度是其他地区不能比的。这三种兵器曾被称为“南诏三宝”，南诏王异牟寻曾经把这三种名贵兵器作为贡品奉献给了唐朝皇帝。

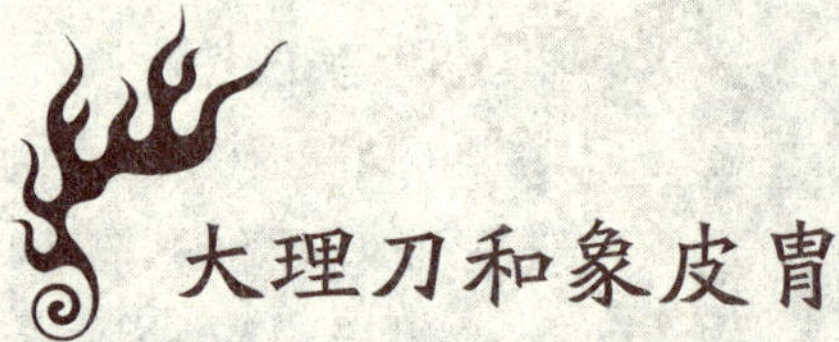

大理刀和象皮胄

南诏之后，大理国的锻造技术有了更进一步的提高。如果说南诏时期的武器以铎稍、郁刀、南诏剑最为名贵，那么在大理国时期的“大理刀”更是闻名天下。据《桂海虞衡志》记载，大理刀长约四尺左右，用大象的皮制作刀鞘，上面绘着各种花纹，并被涂成红色。大理刀的刀鞘分为两层，

每层装一把刀。刀把用皮条缠绕，有钱的人用金丝或者银丝来缠。《岭外代答》一书的作者在比较了傜刀和黎刀之后，称赞说“以大理所出为佳”，并称赞说，“今世所谓‘吹毛透风’，乃大理刀之类”。可见当时大理刀的名贵和锋利。公元 1076 年，大理国王向宋朝进贡的贡品中有刀，这里的“刀”即是指大理刀。大理刀不仅以装潢华贵，而且因钢火高，锋利无比闻名于世。在宋朝和大理国的贸易中，大理刀十分受内地人的欢迎，在今天广西南宁的市场上，大理刀仍然是最畅销的产品之一。

早在南诏时期，人们就开始用犀牛皮或牛皮制成甲胄，到了大理国时期，制造甲胄的工艺水平又得到了很大的提高，开始采用大象皮为原料，这种甲胄被称为“象皮胄”。《桂海虞衡志》中记载，“蛮甲惟大理国最工。甲胄皆用象皮，胸背各一大片，如龟壳，坚厚与铁等。”如书中所述，甲胄的前后用大块的象皮做成，在胳膊部分用较小些的象皮以增加胳膊的灵活性，在脖子处是用卷成圈的象皮做成的。甲胄上面以红色为底色，再用黑色或者黄色的漆绘出一些花、虫、野兽等的图案。这种甲胄有半寸厚，坚硬程度甚至超过了铁甲。《宋史·外国四·大理传》中记载说，这些甲胄坚硬得像铁，厚约半寸，用强弓来射都射不穿，铁甲也比不过。这种甲胄与大理刀和大理马在当时是齐名的，也曾经作为贡品进贡给宋朝皇帝。

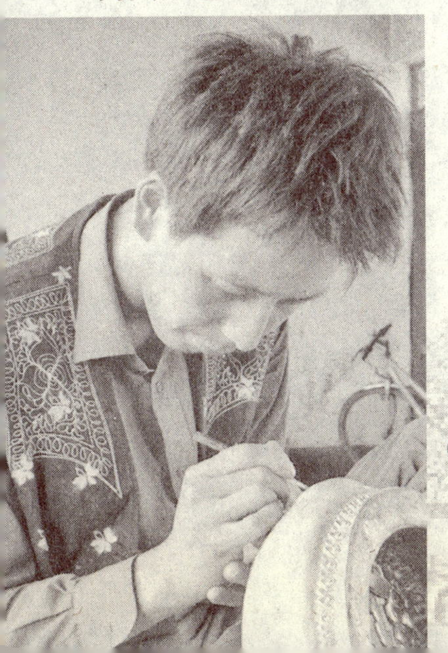

大理鹤庆手工业作坊

四、南方丝绸之路——大理商业

贝币的使用

南诏时期的商业很不发达，当时占主导地位的还是自给自足的自然经济，商品交换还比较少，使用的货币多是缯帛、盐块。但是由于农业和手工业的发展，商业在一定程度上也获得了发展，南诏的后期开始使用一种被称为“贝子”的海贝作为通用货币，一些城镇也作为商业中心出现。大理国时期，商业有了更进一步的发展，市场上的商品数目增加了，特别是马市，一些城镇的经济已经相当繁荣。

南诏时期的商业很不发达，政府并没有发行过什么货币，民间交易时多采用缯帛或者盐块来作为货币，后来又用一种叫做“贝子”的海贝。据史书记载，当时南诏本土不用钱币，凡是交易就用缯帛、金银、牛羊之类的东西作为一般等价物。用缯帛数来计算的话，就说某种东西值多少“幂”。这里的“幂”指的就是缯帛，它所说的一幂就是缯帛四尺五寸。由此可见南诏商业的不发达程度。由于实行的是奴隶制，奴隶主一般自己什么都能生产，而一般的平民在交纳完赋税之后，所剩无几，也不可能把太多的东西投放到市场上去卖，所以市场上根本没有多少商品。当时的所谓商品不外是丝织品、毛织物、金银、珠宝、牲畜之类。当时除了以缯帛作为货币之外，在产盐的地方也有把盐块拿来作为货币使用的。据记载这些盐块，一般每块重约一两或者二两左右，在交易的时候就以某物值多少颗盐块来计算。直到南诏晚些

贝子图片

的时候，才又出现了一种比较通用的货币——贝子。贝子是一种海贝，大小只有人的手指头那么大，当时的南诏的单位是 16 个贝子为一“觅”（“觅”是当是南诏的货币单位）。

大理国时期政府仍然没有发行过货币，用缯帛和盐块的作为货币的现象继续存在，但是从南诏后期开始贝子越来越被普遍接受。李珣在《海药本草》中说，贝子在云南十分多，被当作钱用来交易。李珣是在唐朝末年到的四川，定居在成都，靠卖香药为生，它的这段记载应该是在长和国到大理国初年的时候。元朝征服大理国之后，曾经试图在这些地区推行钞票，但是民间用贝子作为货币的观念已经十分牢固，元朝不得不依从当地的旧俗，在云南仍然用贝子作为货币。《元史》中是这样描述这件事情的：当时云南百姓用贝子当钱，刚开始推行钞票，百姓十分不方便；于是，赛典赤（当时任元朝云南行省平章政事）就上奏了朝廷，朝廷准许云南仍然使用贝子作为货币。后来朝廷又想在云南实行钞票，遭到了当地人的反对。至元十三年（1276 年）正月，赛典赤又对朝廷讲，云南的贸易和中原地区不同，对实行钞票法还很不熟悉，不如仍然实行贝子，在官府和民间通行，这样对当地百姓很有利。由此可见，在大理国时期贝子作为货币，在当地有着根深蒂固的观念，以至连实行更为便于交易

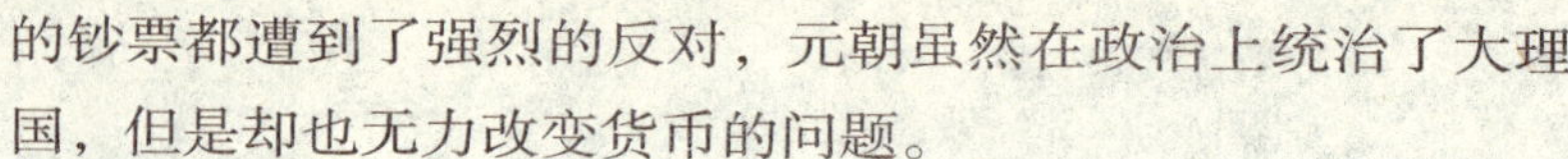

的钞票都遭到了强烈的反对，元朝虽然在政治上统治了大理国，但是却也无力改变货币的问题。

在二十世纪七十年代维修崇圣寺三塔时，在千寻塔内就发现了一些贝子，这种贝子一般只有人的一个指关节那么大，呈紫色，背部稍稍隆起，开口处呈锯齿状。后来在云南地区又陆续发现了一些，这些都证明的当时贝子作为货币的流通情况。

大理马市

说到大理国的贸易不能不提起大理国和宋朝之间的马市。云南地处高原，水草丰茂，十分适宜畜牧业，自古以来就盛产良马。汉代这里有“日行五百里”的滇池驹，唐代又有“日行数百里”的越赕骢。这些马匹多采用“野牧”的方法来饲养，所以良马很多。清代人刘崑在《南中杂谈》中说，云南马的特点是“质小而蹄健，上高山，履危径，虽数十里不知喘汗。”大理马在内地享有很高的声誉。宋朝为了同北方的辽国作战需要大批的战马，马匹成了重要的战略物资，但是由于北方被辽国把持，不容易从这些地方购买战马，于是宋朝把目光转向了西部和西南部的云南。北宋和南宋都设置了专门管理马市的机构，负责从这些地区购买战马因此，在宋朝和大理的交易中，马匹成了双方主要的交换物资，马市的规模十分庞大。

早在北宋初年，宋朝就在成都、秦州（今天的甘肃天水）设置茶马司，用茶叶和这些少数民族地区交换马匹。当时把从这些地区买来的马分为两类，一种叫战马，主要产自西部；一种被称为“羁縻马”，主要产于西南少数民族地区。在这里，所谓的“羁縻马”中有相当一部分是从西南的大理国买来的，这个川秦茶马司一直存在到南宋时期。北宋熙宁七年（1074 年），因为战事，西北的马运不到北宋，于是宋

朝就指示成都府到西南地区买马，《云南买马记》就是当时被派到云南买马的杨佐所作。

北宋大观年间在邕州（今广西南宁）就设有马市，并有专门的官员办理买马事宜。到公元1133年，在这里正式设立提举买马司，朝廷每年都拨很多的钱、盐、锦等作为向云南买马的费用。设置买马司之后，最初定的是每年买马1500匹，后来增加到了3500匹。当初大理马从云南运到广西，行走了几千里，因此变得很瘦。据说，这时云南的马贩子就捆住马的四蹄，倒拖在地上，喂上一些盐巴，再喂上一些好的饲料，过十几天就会重新变肥。宋朝官员把买来的马匹每五十匹分成一“纲”，每纲派押解官一名，将校五人，兽医一名，牵马的士兵二十五人，送往内地。

无论是从川秦买来的羁縻马，还是从邕州买来的广马，它们之中绝大多数都是大理马。这些马十分优良，在《岭外代答》中记载了这样一匹大理马：这匹马为淡黄色，虽然只有四尺高，耳朵仅仅只有人的手指头那么大，但眼睛却有铃铛般大小。就是这匹奇形怪状的马，只要驭手一勒缰绳，它就会像飞一般的跑起来，只要骑手大声喝叫一声，它就能够跳过沟堑，越过墙壁。据称这匹马本来是“蛮王”的坐骑，只是因为偶尔生了病被人用黄金一百两买来的。虽然是病马却值黄金一百两，足见大理马的珍贵。

随着大理国和北宋马市的繁荣，其他很多的商品也随着

大理马

马市传到了中原。《岭外代答》中记载，大理马的到来，还带来了其他少数民族的货物，像麝香、胡羊、长鸣鸡、披毡、云南刀以及各种药物等。而中原人的货物也随着马市传到了大理，像锦、缯、豹皮、文书以及各种“奇巧之物”。从记载中可以看到，大理国商人运来的主要是一些初级产品，而交换的主要是中原的手工业产品和书籍等。所以，马市的繁荣不仅仅促进了商业贸易的发达，还促进了双方的物质和文化交流，对大理地区的文化发展起到了巨大的作用。

大理交通和商业重镇的兴起

早在秦朝统一全国之前的公元前 246 年，秦王嬴政为了加强对西南地区的控制，就修筑了一条从北起今天四川宜宾，南到今天云南曲靖的一条驿道，全长达 2000 多里，因为道路宽 5 尺，所以又被称为“五尺道”。秦始皇统一中国之后继续对这些道路进行整修和延伸，这条道路的修筑虽然是出自政治上的原因，但是对当地经济的发展一起到了很大的作用。

西汉时期，汉武帝打通了蜀身毒道，从此在南方开通了一条“南方丝绸之路”，为云南加强与南亚和东南亚的经济关系提供了极大的便利。

到唐宋之际，古人开通的这些道路得到了很好的保护和维修，在南诏和大理国时期这些古道继续发挥着作用，南诏和大理国商业的兴盛很大程度上也是靠了这些交通要道。除此之外，南诏和大理国时期还以阳苴咩城为中心建成了向四方辐射的交通网。依托这些交通网的形成，大理地区的商业贸易在南诏和大理国时期有了突飞猛进的发展，尤其是国际贸易。例如，南诏和大理国时期的主要货币就是从东南亚和

南亚作为货物进入大理地区的。云南本来不产这些海贝，而在古代南亚和东南亚地区也有用海贝做货币的习惯，再加上云南的这些贝子和南亚与东南亚的贝币形状、种类，甚至连计量单位都相同，所以这些贝币来自东南亚和南亚是毫无疑问的。大理地区国际贸易的发达由此可见一斑，而贸易的发达必然要以便利的交通作为条件，所以这也从一个侧面反映了当时大理地区交通的发达。

大理国周边曾经的贸易重镇沙溪

随着交通和贸易的发达，南诏和大理国时期在交通要道两边的城镇不断兴起，一些新的经济中心逐渐形成。南诏在统一洱海地区之后就开始不断地扩建和兴建一些城镇，特别是在南诏王皮逻阁时期。南诏时期比较著名的城镇有太和城、龙口城、龙尾城、大厘城、昆明城等，但是这些城市多是政治性的城市，只是作为政治中心或者军事重地而存在的，在这些城镇之中，商业的色彩很淡。大理国时期的重要

昆明

城镇基本是承袭了南诏时遗留下来的，但是由于大理国时期经济的发展和贸易的繁荣，一些城镇开始具有了经济中心的色彩，例如善阐城（今昆明）。元朝初年，马可·波罗游历善阐城时称赞它说，“大而名贵，商工甚众”。这座城镇在南诏时期，主要是作为政治和军事要地而存在的，但是到了大理国时期已经发展成为“商工甚众”的繁华商业城市。

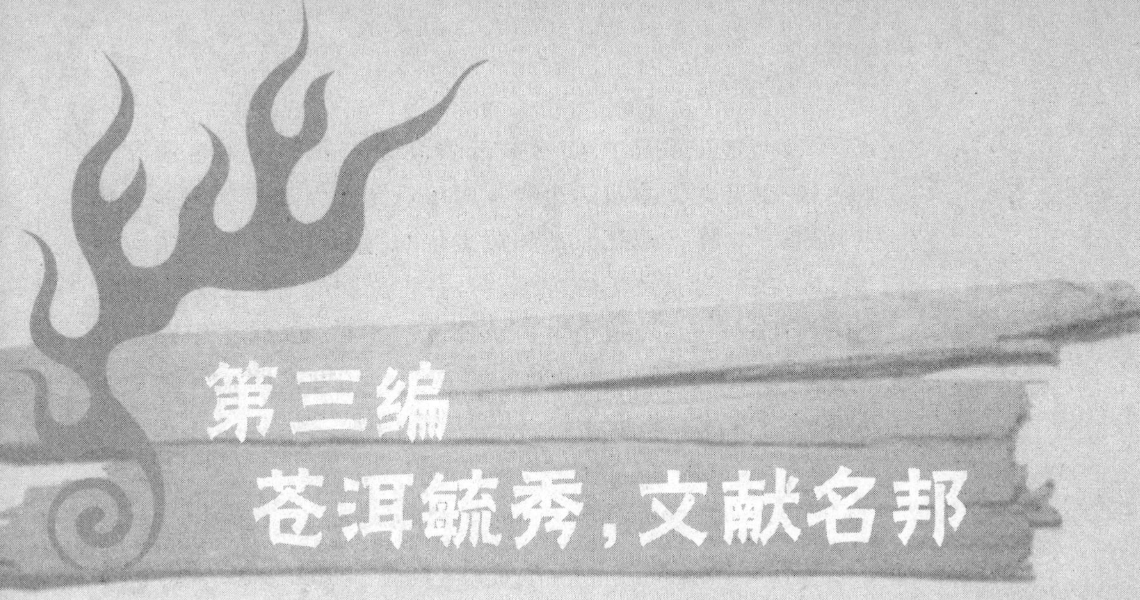

第三编 苍洱毓秀，文献名邦

一、江山代有才人出——大理文学

白文与汉字

碑刻精品

南诏和大理诗人

二、丹青妙手绘史诗——大理绘画艺术

《南诏图传》

《张胜温画卷》

三、执羽而歌惊帝听——大理乐舞

南诏奉圣乐

民间歌舞

四、圣像座座敬佛祖——佛教艺术

崇圣寺三塔

石钟山石窟

地藏寺经幢

云南地处我国西南部的云贵高原之上，它东连亚洲大陆，处在汉文化的西南边缘；西接亚洲次大陆，与南亚文化圈相连；北临青藏高原，和藏文化的南部接壤；南接中南半岛，处在东南亚文化的边缘，是各种文明的交汇之处。而云南的明珠——大理则是世人所公认的“亚洲文化十字路口的古都”。历史上她广泛吸收华夏文明、印度文明，并结合本地的土著文化，形成了独具魅力的区域性文化。

一、江山代有才人出——大理文学

白文与汉字

在讲大理文学之前，有必要对这一地区的文字作一个简单的介绍。历史上的南诏和大理国本无文字，后来受汉唐文化的影响，当地人采用汉字作为自己的通用文字。关于这一点，考古学家已经从出土的文物中得到了证明。除汉字之外，当时又有一种白文，又称僰文。但是白文并不是一种独立的文字，它是利用汉字记录洱海地区白蛮语音，后者把汉字笔画稍微做些改动而构成一种表意记音文字，这种文字创建于南诏时期并且一直使用到大理国以后。

虽然如此，但汉字还是官方通用的文字。例如著名的《南诏德化碑》，碑文洋洋洒洒5000余字，全部都是用汉字写成。阁逻凤写给唐朝剑川节度使鲜于仲通的书信和南诏王异牟寻写给唐朝剑南西川节度使韦皋的书信，以及苍山会盟的誓文也都是用汉字写成。如果说这些文字都是为了让对方看懂才写作汉文的话，那么在公元898年画成的《南诏图

传》，应是藏于深宫之中，但是在这幅作品中画卷的款识、题记也都使用汉字写成，这应当是南诏官方通用汉字的有力明证。南诏时期，直接使用汉字的现象非常普遍，当地有文化的人基本都能读懂汉文书籍，用汉文进行写作。被俘虏到南诏的汉族人郑回，因他很有才华，不仅出任南诏的清平官，还任王室的教师。他曾教授过凤伽异、寻阁劝等人。在苍山会盟之后，韦皋在成都办学，专招南诏子弟学习，这个学校共办了 50 年，前后在此学习的南诏子弟多达数千人。这些无疑都促进了汉字在洱海地区的普及。

《张胜温画卷》中的白文题记

大理国也直接使用汉字，在大理内流传的汉文书籍，不仅数量很多，种类也很繁多，包括了经、史、子、集、医药、历法等各个方面。甚至一些在中原已经失传了的书，在大理国仍然保存着。元朝时期吴莱在《读唐太宗帝范》一文中说，唐太宗曾经做过一本用来教太子的书，书名叫《帝范》，有 1 卷，共 12 篇。经过五代十国时期战乱不断，人们就只知道有这本书，但是书已经找不到了。但是在元朝征云南的时候，当地人把这本书献了出来，12 篇都十分齐全。在大理国时期，白文也获得了一定程度的发展，在借用汉字的基础上增加了一些表现白族语言的字。例如《张胜温画卷》上面的文字就是白文，其中的大部分是直接借用的汉字，另外还有一看起来像是汉字错别字的文字，这些是根据白族语言创造出来的文字——白文。像这样的文字，如果只从汉文的角度来阅读，根本就读不通，但是如果既熟悉白族语言又熟悉汉文，这种文章就很好懂了。大理国之后白文获得了进一步的发展，不仅有用白文写成的《白古通记》、《玄峰年运志》等白族古代史书，还有很多用白文写成的白文碑刻，甚至一些白族民间戏曲的曲本也都用白文写成。

碑刻精品

南诏自阁逻凤以来，贵族之中流行的是“不读非圣贤之书”，并且派很多白族人到唐朝学习汉族文学。在这种尚文的风气引导下，大理地区涌现出了一大批杰出的文人学士，这些人深受中原文化的影响，在文体上模仿唐代文学的形式，创作出了大量的汉文和白文并用的文学作品。在大理国时期，文化之发达达到了空前的高度，大理因而被中原人士誉为“文献名邦”。

说到南诏的文学作品，不能不提起《南诏德化碑》。它的碑文不仅记载了南诏和唐朝关系的历史，而且还是一篇十分优秀的文学作品，历来为中原文人所推崇。这块碑高约三米，宽约两米，厚半米，是云南现存最大的一块石碑。碑的正反两面都刻着文字，正面刻碑文，约有 40 行，每行约 90 字；背面刻立碑人的官衔、姓名，共有 41 行文字。正反两面的文字加在一起有 5000 多字，全部使用楷书写成。此碑现在存在大理市的太和村。这块石碑上的碑文是郑回所作①，碑文包含了丰富和翔实的史料，记载了南诏反唐的原因和反

① 也有人认为是王蛮盛撰写的。

南诏德化碑

抗的过程。郑回本是汉族人，汉文的水平也很高，碑文写得十分流畅，是一篇十分优秀的散文。就碑文本身来说，它是一篇十分精彩的唐代碑文，它的叙事如数家珍，娓娓动听；抒怀如行云流水，气势非凡；论理则侃侃而谈，有理有节。《南诏德化碑》是南诏散文中最著名的代表作，碑文洋洋洒洒数千言，辞藻典雅，文字流畅，跌宕有致，一气呵成，颇有唐代散文大家的文风。文字则是由流落在南诏的唐朝御史杜光庭所写，其书法算得上是上品。

大理国时期的文学作品如同南诏时期一样，很多也是保留在现存的碑刻之中，例如现在存在姚安县文化馆中的《兴宝寺德化铭和嵇肃灵峰明帝记碑》，其中的《嵇肃灵峰明帝记碑》是记载高踰承光祭祀嵇肃山山神的盛况，碑文是白族释儒杨才照所作。碑文写的文辞非常典雅考究，文体则骈散兼行，政教并举，佛理讲得十分精湛，是一篇上乘的文章。下面是从中摘取的一段，“西则松风发夕，惊闻苦空之音；南则江月残朝，忽认灵台之镜；东邻雾阙，近接应供之贤；北枕平坡，远嫌钓鳌之客。”这一段把禅境和文境融为一体，韵味十足。其他还有一些碑刻，大都用的是骈散兼行文体，写得都十分典雅。

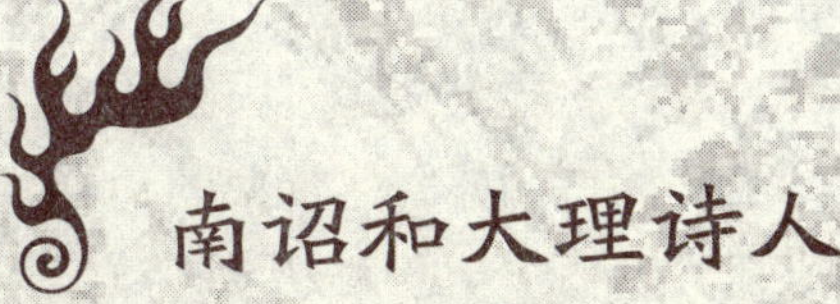

南诏和大理诗人

唐朝人爱诗，这种风气也传到了南诏。当时在南诏出现

了一批很有才华的诗人。南诏王隆舜曾经向唐朝的使者徐云虔询问《春秋》大义，由此可见他的汉文水平已经相当地高了。隆舜的诗也作得不错，但现在流传下来的只有《星回节游避风台》一首，“避风善阐台，极目见藤越。悲哉古与今，依然烟与月。自我居震旦，翊卫类夔契。伊昔经皇运，艰难仰忠烈。不觉岁云暮，感极星回节。元袓同一心，子孙堪贻阙。”这首诗很有唐诗的风格。当时跟随南诏王隆顺的清平官白族人赵叔达当即也作诗一首作为回应，“法驾避星回，波罗毗勇猜。河阔水难合，地暖梅先开。下令俚柔洽，献琛弄栋来。愿将不才质，千载侍游台。”这两首诗的内容表达了当时南诏王和他的臣子们的生活和思想感情，形式和唐朝流行的五言诗相同。诗中所使用的文字，其中与汉语涵义不同的，就是仿照汉字形式书写来表达白族语言含义的纯粹白文，例如“震旦”意思是“天子”；“元”如同汉语里的“朕”，是南诏王的自称；“袓”相当于汉语中的“卿”；“波罗”意为“虎”，“毗勇”意为“野马”；“俚柔”意为“百姓”。其他的与汉语涵义相同的字，就直接采用汉字来表达。

隆舜时期，还有一位著名的白族诗人杨奇鲲，他也是南诏王隆舜时期的清平官。史书上说他很有词藻，但他留下的诗仅存两首。一首是《途中》，“风里浪花吹又白，雨中岚色洗还清。江鸥聚处窗前见，林狖啼时枕上听。此际自然无限趣，王程不敢再留停”。另一首是《岩嵌绿玉》，“天孙昔谪下天绿，雾鬟风鬟依草木。一朝骑凤上丹霄，翠翘花细留空谷。”这两首诗都作得清新秀美，情文并茂，堪称白族诗中的精品。

南诏时期，还有一位白族诗人段义宗，他也当过南诏王隆舜的清平官。他曾经和杨奇鲲一起到成都迎接过唐朝安化长公主，后来削发为僧。史籍上曾经称赞他是“谈论敷奏道理，一歌一咏，捷应如流”。他一生中也写了不少的诗歌，但留下的并不多，现存的只有五首，《题大慈寺芍药》、《题三学院经楼》（两首）、《题判官赞卫有听歌妓洞云歌》、

《思乡》等。《题大慈寺芍药》一诗写出了作者在身在空门的悟道感受，“浮花不与众花同，为感高僧护法功，繁影夜铺方丈月，异香朝散讲筵风。寻真自得心源静，观色非贪眼界空，好是芳馨堪供养，天教生在释门中。”另外《思乡》诗也写得十分感人，“虏北行人绝，云南信未还，庭前花不扫，门外柳谁攀。坐久消银烛，愁多减玉颜，悬心秋月夜，万里照关山。”当时人称赞他的诗说“似此制作，实为高手”，他的这些诗还被收入《全唐诗》中，成为传世佳作。

大理国时期文化虽然十分发达，但是很多文献资料在明代多遭到了兵祸之灾，保存下来的十分少。大理国时期的诗作现在能看到仅仅只有白族商人李观音得的诗一联：“言音未会意相和，远隔江山万里多。”当时一个白族商人能写出这样的诗作，可以想见当时社会上层人士的诗作的水平。

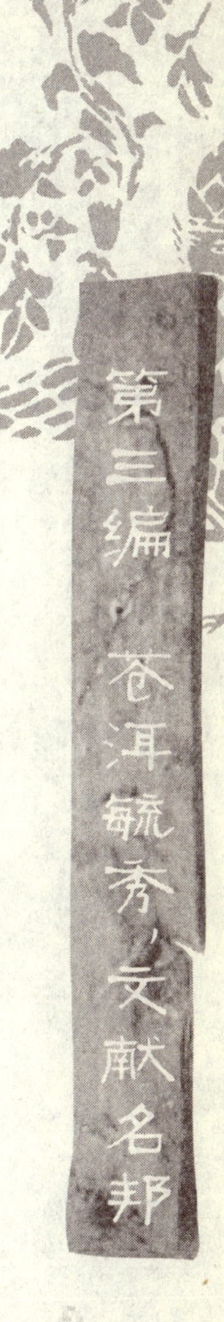

二、丹青妙手绘史诗
——大理绘画艺术

《南诏图传》

南诏和大理国时期的绘画，人们知道的极少，作品传世的就更少，所以显得弥足珍贵。现在留传下来的以《南诏图传》和《张胜温画卷》最为珍贵，被誉为“传世珍宝”。

《南诏图传》，又称《南诏图卷》、《南诏中兴国史画》、《南诏中兴二年画卷》、《南诏史画卷》等。这是一幅佛教画，画家试图通过宣扬佛教故事来神化南诏王。画绘制于南诏中兴二年（公元 898 年），①最初应该藏于南诏宫室之中，清朝初年这幅画流落到了北京，原件于八国联军侵华时被掠夺到国外，现藏于日本国京都藤井有邻馆。

《南诏图传》，依据《巍山起因》、《铁柱记》、《西洱河记》等南诏早期传说绘制而成，有神化南诏立国的意思。《南诏图传》共有两个长卷，一卷是图画，纸本彩绘，长 5.73 米，宽 30 厘米，画面分为 13 段，共有人物 94 个；另一卷是文字，详细说明图卷上的各个故事，后面还附有舜化贞中兴二年的敕令。文字卷是绘制图画的依据，相当于现代的脚本，画卷和文字卷共同组成了《南诏图传》。

内容主要分为三个部分：第一部分画的是蒙舍诏奇王细

---

① 也有人不同意这种看法，认为这幅画作于大理国时期。例如向达先生从题记中对佛教人物的名称的写法上推断这幅画作于大理国时期，他说，“图传最多只能是大理时代的画，不能看得太早。”

《南诏图传》南诏古国建国传说

奴逻建国的故事，也就是“观音六化”的传说。大意是说，观音化为一个梵僧到细奴逻家里乞讨，当时细奴逻和儿子正在山中耕田，他的妻子正准备往田里送饭。当他的妻子看到梵僧时，毫不犹豫地把饭都给了梵僧，这是第一化。然后她又做了饭，但梵僧又来乞讨，于是她又把饭给了梵僧，这是第二化。当她第三次做好饭后把饭送到山脚下时，又看到了那个梵僧，不同的是僧人前有青牛，左有白马，右有白象，云中还有两个童子，一派祥瑞之气。细奴逻的妻子又把饭给了梵僧，梵僧问她有什么要求，但她却答不上来，这就是第三化。后来观音又变化为梵僧，到一村中乞讨，但遭到了村中人的虐待，还被肢解焚化并被抛入江中，但观音马上又活了过来，这是第四化。观音见这个地方的人凶狠刁蛮，品质恶劣，拂袖而去，但村中人仍然不依不饶，骑马追赶观音，并用弓箭射他，结果箭都射不到他，落地之后都变成了莲花，村人猛然醒悟，不再追赶，各自回家务农，这是第五化。观音为救众人，现出真身，村民大惊失色，从此皈依佛法，这是第六化。

第二部分是“铁柱记”，描绘一些首领在铁柱旁边祭天

的场面，大首领张乐进求禅位给细奴逻的故事。第三部分是“供养人拜观音”，图的中心是观音的立像，观音双脚踏着莲花座，右侧有六人顺序合掌而立。第四部分是“西洱河记”，上面画着洱海神和洱海形势图。上面有两条大蛇围成一个蛇圈，围护着一条额头上有轮的金鱼和金螺狮，后面的背景则是碧波荡漾的洱海。图画的上方还有题记，“西洱河者，西河如耳，即大海之耳也。河神有金螺金鱼也。金鱼头白，额上有轮，爰毒蛇绕之，居之左右，分为两河也。”《南诏图传》绘画技术高超，场面十分宏大，人物众多，但各类人物的外形特征和内在心理状态都刻画得相当准确细腻，具有很高的艺术价值。同时也反映了社会生活的方方面面，例如人物的衣着、发式、房屋样式、宗教仪式等多方面的内容，对于研究南诏历史和文化具有很高的价值。

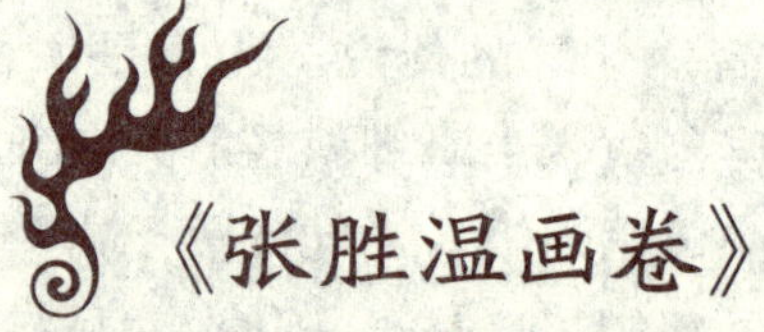

《张胜温画卷》

大理国时期保留下来另一幅名画是《张胜温画卷》，又称《大理国梵像卷》、《张胜温绘大理国梵像卷》等名称。这幅画上的历代题记、印记非常多，我们从中可以看出这幅画在明代时流落到金陵（南京）天界寺，清代的时候收藏在北京内府，后来又归于故宫博物院，现在原卷藏在台湾故宫博物院。这幅画由大理国描工张胜温绘制，大概在大理国盛德五年（公元 1180 年）作成，画卷为纸本，全长 1635.5 厘米，宽 30.4 厘米，款式为大型彩色卷轴画，共绘有单体及组合像 134 幅，有像 628 个，人物形象栩栩如生。画卷的内容共分三段，第一段是描绘大理国主段智兴和他的扈从礼佛的场面；第二部分画的是天龙八部、十六尊者、释迦佛会、大理高僧等像，这一部分是整幅画的主体部分；最后一部分画的是天竺十六国王像。另外，画中也夹杂着不少当地流行的神话传说。

画家张胜温笔下的大理国。原画三段，这是第二段“诸佛菩萨及天龙八部法会等之像”的部分图。

《张胜温画卷》的画工十分精美，这幅画不仅在长度和内容上，而且在艺术造诣上超过了《南诏图传》。在各部分的处理上都十分成功，完全是正统的中原风格，其着色、用线、构图、人物的造型等都安排得恰到好处。在整体布局上，各部分安排得疏密有致，各得其所。在画风上，有唐朝盛世的遗风。整幅画规模宏大，内容纷繁芜杂却浑然一体，没有半点勉强斧凿雕琢的痕迹，画工的技艺已经达到了炉火纯青的地步。此外，这幅画也为研究当时宗教、服饰、发式、武器等提供了弥足珍贵的材料。

张胜温画卷局部

三、执羽而歌惊帝听——大理乐舞

南诏奉圣乐

南诏统一六诏之后，在南诏的管辖范围之内有很多的民族，这为“俗好饮酒歌舞”的各民族乐舞的发展提供了肥沃的土壤。与此同时，官方也十分重视音乐的发展，设置了专管“慈爽”爵位，促进了南诏礼乐制度的建立。这时期，宫廷内设有会乐和仪仗队伍，官方宴乐时“以笙推杯劝爵”的舞乐之风极为盛行，再加上统治阶级积极倡导民族文化的交流，西北少数民族的龟兹乐、东南亚一带的骠国乐、弥城国乐等大量涌入洱海地区，一时之间都成了民间和宫廷的流行乐舞，为促进和发展民间乐舞创造了条件。南诏和大理国时期的音乐舞蹈，可以分为宫廷音乐和民间音乐两种，但现在还能知道的就很少了。

在宫廷音乐之中以《南诏奉圣乐》最负盛名。唐朝贞元十六年（公元800年）正月，南诏王异牟寻派人到剑南西川节度使韦皋那里，要求向唐朝皇帝进献南诏乐舞，韦皋对南诏献的乐舞作了修改加工，并派往长安演出。据《新唐书·南蛮·骠国传》记载，在这套乐舞之中共有舞蹈演员64人，奏乐的人多达196人。共设龟兹、大鼓、胡部、军部四部，用的主要乐器有：箫、笛、笙、钹、箜篌、五弦琵琶等，此外还用了各种类型的鼓。舞蹈演员身着南诏民族服装，衣服上绘着鸟兽花纹，显得十分鲜艳华美。舞蹈演员在舞蹈时，

手执羽毛，应着乐曲歌唱，用四横四纵的16人的队形，按照字舞的跳法依次摆出“南”、“诏”、“奉”、“圣”、“乐”等五个字形。当舞“南”字时，唱“圣主无为化”；舞“诏”字时，唱“南诏朝天乐”；舞“奉”字时，唱“海宇修文化”；舞“圣”字时，唱“雨露覃无外”；舞“乐”字时，唱“辟土丁零塞”。整个乐舞共“舞六成”，每成曲将终时，金鼓之声大震，演员手执羽毛向唐朝皇帝行跪拜之礼，场面十分壮观。舞蹈有独舞和群舞之分，唱歌有独唱和齐唱之分。乐队也是交替使用，几乎调动了当时所能应用的所有艺术手段。整个演出显得气势磅礴、热烈壮观，但又不失典雅端庄的情趣。演出博得了朝廷上下的欢迎，舞蹈被纳入唐代十四部国乐之中，当时唐德宗亲自在麟德殿观看了演出，并下令让宫中的乐工舞女学习。

《南诏奉圣乐》是经过韦皋修改加工过的，其中掺杂了他个人的政治意图，经过他的改编，南诏献乐表现了南诏永远臣服于唐王朝的意图，这对巩固唐朝和南诏的关系起到了很大的作用。虽然经过韦皋的修改，《南诏奉圣乐》还是具有极为强烈的民族色彩，其中“执羽而舞”的舞蹈，在当地很早就很流行。

民间歌舞

随着汉族文化的进入，汉族的讲唱文学也传到了大理，最具地方民族特色的大本曲产生了。它的唱词和唐代的“变文”、“俗讲”十分相似。在民间，人们常把唱大本曲称为“唱大本子曲”，又称“唱白曲”或“唱曲”。所谓的“大本子”就是长篇故事的含义，因此大本曲可以说就是演唱长篇故事的曲子。

在大理民间，传统的习俗是每年的三月初三开始唱大本曲，被称为“开曲门”。从这个时候开始，唱大本曲的艺人

就在各地演唱，直到九月初九唱“关曲门”，演唱活动才结束。每当农家遇到红白事的时候，一般也要请艺人唱大本曲。现在在大理白族地区，还保留着办丧事时“开咽喉”的习俗。他们在安葬死者之前要举行所谓的“堂祭”，事先把死者的生平事迹写成“祭嘱”（相当于祭文），然后由艺人在死者的灵前用大本曲的形式演唱来歌颂死者的功德，并安慰死者的家人，这种形式可以缓解死者家人的悲伤情绪，所以在民间流传着“三斋不抵一曲”的俗语。

大本曲的演唱形式十分简单。演唱只有两个人，一人身穿长衫，手里拿一方手帕或者折扇坐在桌子后面演唱，另一个人坐在一旁用三弦伴奏。在一些比较隆重的场合，还要搭起高台，摆上香案。演唱的时候，演员的身体动作很少，只做些面部表情和简单的手势之类，它的艺术效果必须依靠音乐和语言来完成。演员不仅要熟悉各种曲目，还要掌握各种基本腔调，以应付不时之需。为了赢得观众的掌声，一个好演员要具备“看树摘果，临机应变”的即兴编唱功夫，以及“可高可低，能大能小”，演出时不受有无高台和场地大小的限制，还要能够视观众的兴趣作即兴的增删铺陈。经过数代人的积累，大本曲的曲目记录在册的已经有 100 多册。例如《白王的故事》、《松明楼》等。

大理国时期，在洱海地区还有一种很有名的歌舞戏曲《爨弄》，又称《五花爨弄》，它是乐舞和说唱的统一。这种乐舞很可能是根据大理国时期爨人的戏曲而创作的，所谓的“五花”，是源自队舞中的五个引舞，这五个引舞就叫“五花”。“爨弄”即就是模仿爨氏部族服饰和身段的一种表演，这种表演是由“副净”等五种脚色担任，五个角色一起出场就叫做“五花爨弄”。它的角色分为净、副净、末、副末等；民间把这些角色又称为引戏、装孤、装旦、装外、捷剧等。从宋金杂剧的演出文献来看，不一定“一场四五人”或由“五花”去“爨弄”，以两人演出为最多，因为副净、副末的对手戏是杂剧的核心。

大理歌舞

四、塔楼幢幢敬佛祖
——建筑艺术

崇圣寺三塔

南诏和大理国时期，佛教在大理十分盛行，不仅上层笃信佛教，下层百姓也是崇佛成风。佛教的兴盛带动了佛教建筑的兴起，这些建筑的主要成就反映在佛教建筑上，虽然当时佛教的寺院建筑大都已不存在，但是在各地还是留下了一些古代的佛塔，其中最负盛名的当属崇圣寺三塔。

三塔位于大理古城（中和镇）西北 2 公里的苍山应乐蜂下，三塔原来是在崇圣寺中，但现在寺院已经不在，仅存三塔。主塔名千寻塔，全称是“法界通灵明道乘塔”，俗称

崇圣寺三塔

"中塔"或"大塔"。千寻塔建于唐代神龙三年（公元 707 年），塔形成四方形，从下而上逐渐收缩，中部微微外突，为密檐式方形空心砖塔，共 16 级，高 69.13 米。它不仅是现存云南最古老最高砖石结构的建筑物，也是我国已知偶数层数最多的古塔之一。形状与西安大、小雁塔相同，是典型的唐代建筑。从塔下向上仰望，只见塔矗云端，云移塔驻，似有倾倒之势，十分壮观。

金翅鸟

千寻塔的基座呈正方形，高度大约占了整个塔身的五分之一，是最高的一级。塔基前有"永镇山川"四个大字，笔力雄浑苍劲，气势磅礴，为明代沐世阶所书。塔基西面开有塔门，里面中空，并有井字形梯，原来是可以分层而上的。在塔顶四角上原有金翅鸟各一只，金翅鸟原为印度神话中太阳和火的神格化，相传它的两只翅膀张开来有 360 里，住在印度须弥山上，常常以龙作为自己的食物。大理很多塔上都有这种金翅鸟，据说是为了震住洱海中的龙妖水怪，不至于使它兴风作浪，祸害人民。在千寻塔中曾经发现了一件鎏金镶珠银质金翅鸟，重 125 克，昂首展翅，栖息在莲花之上，头部有羽饰，颈部和尾部的羽毛张开像火焰，在尾羽上还镶有水晶珠五颗，做工十分精美，在大理国时期的金银器中也属于佼佼者。在塔的各层都有神龛，里面供着佛像，据说当时塔中共有铜像 11400 尊，用铜 40550 斤。塔的基部和顶部文物众多。1925 年当地发生大地震，塔顶的宝刹被震落，文物流失很多。1978 年进行整修时，在塔顶又发现了各种文物共 600 余件，有佛、菩萨、天王、力士等造像及经卷、塔模、金刚杵、铜镜、铭文、题

记等。

南、北二小塔建于大理国时期，也是密檐式的八角形实心砖塔，共10级，均高42.4米。塔身为封闭式，中空，每层出檐，角往上翘，不用梁柱斗拱等，用轮廓线来取得艺术效果。

塔模

三塔旁边原有崇圣寺，但寺院早就废弃，只剩下如今的三座砖塔。由于崇圣寺和三塔在唐代以来就是著名的风景胜地，引来了无数的文人墨客，因此也留下了不少诗文。从这些诗文当中我们可以略窥当年崇圣寺风采之一斑。明代诗人彭继作有《春日游三塔》一诗传世，诗云："松桂阴阴入翠微，上方台殿对朝晖。槛前海色连云碧，云外朱霞伴鹤飞。小院深宫悬雪嶂，深林老树挂苔衣。携壶踏遍花开处，明月窥人上竹扉。"从这首诗中我们依稀可以看到崇圣寺当时鲜花遍野，绿树成荫的盛况。明代旅行家徐霞客在《徐霞客游记》中也曾经描绘过崇圣寺的景物："……因与何君遍游寺殿，是寺在（苍山）第十峰之下，唐开元中建，名崇圣寺。前三塔鼎立，而中塔最高，形方，累十六层，故今名为三塔。塔四旁皆高松参天，其西由山门而入，有钟楼与三塔对势，极雄壮。而四壁已颓，瓦半脱，已岌岌矣。楼中有钟极大，径可丈余而厚及尺，为孟氏时铸，其声闻可八十里。楼后为正殿，殿后罗列诸碑……其后为雨铜观音，乃立像，铸铜而成者，高三丈余……自后历级上，为净土庵。"明代文人李元阳在《崇圣寺重器可宝者记》中说，当时崇圣寺共有五件"重器"：三塔、鸿钟、雨铜观音、证道歌碑和佛都匾、三圣金像。据说当时崇圣寺的僧人在为铸观音像募捐时，夜里突然下起雨来，第二天天明起来发现河流沟渠里面到处都是碎铜屑，于

是僧人们就用这些铜屑铸造了观音像，因此被称为“雨铜观音”。然而世事沧桑，巨钟在清代被毁，雨铜观音毁于十年动乱时期，证道歌碑与佛都匾连同寺院一起，至今都已荡然无存。

这三塔在建成之后历经沧桑巨变，经历了多次地震仍然屹立不倒。公元1515年5月6日大理发生大地震，据记载当时大理城内，城墙房舍都被毁掉，中塔像破竹竿般从中间裂开，但是过了几天自己又重新合上，就像什么也没发生一样，一点破损都没有。1925年大理又发生强烈地震，当时大理城内的房屋倒了十之八九，但三塔却安然无恙，只是震落了中塔顶上的宝刹。其建筑之技艺令人叹为观止。

三塔在建筑风格上属于典型唐朝建筑风格，千寻塔和西安的大、小雁塔的建筑风格十分相似，而两个小塔的建筑风格和苏州云岩寺塔十分相近。建造这样高的建筑在当时决非易事，据说在施工时，在塔下堆砌一个斜坡形的土台子，以便于运送建筑材料。塔身升高一层，土台也随之升高一层，斜坡也相应地延长。由于工程浩大，据说建塔共用了10年的时间。但是也有人对此提出质疑。1979年在维修三塔的时候，拆除了明代维修时在中塔塔身外面包的一层砖，发现塔身的四面都有一些成排的10多厘米见方小孔，这些小孔中填有木料。有人据此推断，这是建塔时用来搭架用的，所以应该是搭架造的塔。

三塔之中，千寻塔居于前，两小塔居于后，呈鼎足之势。背靠雪峦万仞的点苍山，前临碧波万顷的洱海，撑天而立，雄浑壮丽，成为大理白族文化的象征，是我国南方最壮丽的塔群。

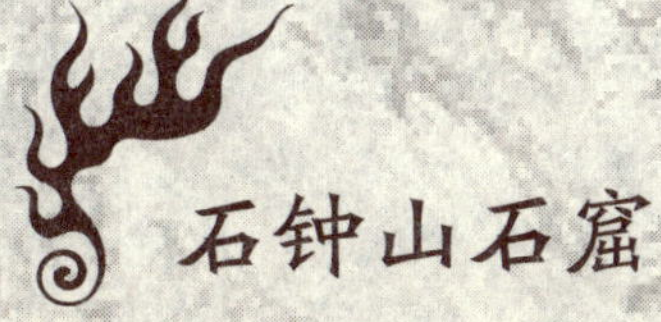

石钟山石窟

南诏和大理国时期的雕刻技术也得到了极大的发展，最

具代表性的当属石窟艺术、摩崖造像和经幢等，内容也多是佛教题材。而其中的石钟山石窟最负盛名，是南诏和大理国时期雕刻艺术的集大成者，也凸现了云南地区独特的地方色彩和民族风格。

石钟山石窟位于今天剑川城西南石宝山南峰的石钟山（石钟山是石宝山的支峰，因山中有石如钟而得名，这里群山环抱，林木掩映，奇峰峻峭，怪石矗立），又被称为“剑川石窟”、“石宝山石窟”等。石窟是历经南诏到大理国时期数百年的时间才开凿成的。整个石钟山石窟共有16处石窟和摩崖造像，共有造像139个，碑碣5通，造像题记和其他题记共44篇，分布在石钟山的石钟寺、狮子关、沙登村三地，但主要的分布在石钟寺。石窟的内容虽然多为佛教题材，但是也有相当多的表现王者世俗生活的造像和雕刻。反映佛教题材的有石钟寺地区的第1到第6处石窟、狮子关的第10处摩崖、沙登村地区的第12到第16处摩崖或石窟，里面为各种各样的佛教人物像；反映当时王者世俗生活的有石钟山的第7、第8处石窟，狮子关地区的第9和第11处石窟，里面为南诏王和他的后妃、清平官、扈从等的雕像。

在以佛教为题材的石窟之中最有名的要数第4处石窟，这处石窟共分三龛：中龛雕的是罗汉像，罗汉盘腿坐在石上，右手放在胸前，左手拿扇，身体向前微微倾斜，目光俯视，在眉宇之间流露出一股忧郁之色，因此当地人称他是“愁面观音”或“大愁”。佛像后面的悬崖上刻有太阳、月亮、云朵

石钟山石窟造像

的形象，下面还雕着小路和佛塔，以及拿着拐杖的老人、怀中抱琴的乐师、步行上山的樵夫、入山修行的苦行者、童子和仙鹤等。在罗汉的旁边还有两个坐像，右边的坐像穿着草鞋，左足放在右膝上，左手前伸，手捧书而读，形象生动。中龛的下面还有两个力士，举手托座，一脚踏地，一脚后跪，腿上筋肉绷起，显得十分有力量。而飞舞的衣带又增强了整个雕塑的动感。左龛正中有一佛像，旁边是两个供养人；右龛雕的是观音像。与“愁面观音”相比，第 7 窟的甘露观音则显得玉肌丰腴、端庄秀美，既是慈悲为怀的菩萨，又堪称是绝代佳人。更有趣的是，在观音的胸口有一个洞，传说那是因为她虔心修行，用甘露为人间降福，可有人不信，于是她毅然剖开自己胸口，取出赤心，将其放在钵内，以此来表示自己的诚心。观音的这一形象表现出一种执著、坦白、勇敢的精神，所以人们又誉称她为“剖腹观音”。

石钟山石窟：剖腹观音

在表现南诏王者世俗生活的石窟中，以第 7 处“阁逻凤议政图”最著名。窟中人物众多，共有雕像 16 人，是各窟之中人像最多的一窟，场面十分壮观，极富民族特色。全窟雕成一座宫廷大厅，石窟上檐雕着花纹、连珠纹、垂帐纹三种花纹，还雕着高卷的人字形幔帐，富丽堂皇。厅堂中央坐着南诏王阁逻凤，两旁簇拥着文武大臣和侍从。他们或手拿仪杖、或举旗、或揣宫扇、或捧宝瓶、或握宝剑、或执曲柄伞，姿态不一。人物个个精神饱满，而且每个人物的外表和性格都不尽相同。侍者所持的八面旗帜向着不同方向飘舞，充满了动感。整个构图虽然复杂，但显得十分丰满、对称，丝毫不见呆板，在有限的空间内把人物雕得栩栩如生，连人物衣褶的线条也层层折皱，细致逼真。整个石窟主题突出而和谐，表现了高超的雕刻技艺。这些王者造像如同一面镜子，反映了南诏社会政治生活的若干侧面，成为了解和研究南诏历史的珍贵资料。

地藏寺经幢

昆明地藏寺经幢现存于昆明市拓东路古幢公园内，又名“大理国经幢”、“昆明经幢”、“善阐城经幢”等，俗称“古幢”。古幢是大理国布燮袁豆光为死者高明生“圆功”而造，袁豆光在刻于幢基的《造幢记》中称赞大理国善阐侯高

地藏寺经幢全图

明生的功德“文列武列，万国口实而宣威；神风神气，干将若摧而留世”。

大理国经幢呈八角形，共有七层，经幢通体高 6.6 米。雕刻十分精美，别具一格，经幢四周雕佛、菩萨和天龙八部等共 300 个雕像，雕像大的有 1 米多高，小的还不足 3 厘米，刀法遒劲，精美绝伦，被中外专家推崇为滇中艺术极品。经幢造像属于佛教小乘教密宗题材，人物造型比例恰当，菩萨面貌慈祥可亲，四大天王不仅体态威武，神情也各不相同，面部表情严肃而不呆滞，自然而无俗气，很有唐宋石窟和泥塑造像的韵味。佛像和侍像布局严谨、层次分明，造像线条流畅柔和，刻工精细娴熟，每层所雕释迦、菩萨、飞禽、宫殿等都是“刀痕遒劲、备极精巧”。在表现手法上，有的采用浅雕，有的采用高浮雕等，形式变幻多样，各有千秋。宫殿楼阁皆仿木结构，梁檐斗拱，帐幔及装饰图案等无不具备。每层界面上或雕文字，或雕小佛，或雕莲花等物，放眼望去，整座石幢遍体雕刻、琳琅满目，美不胜收。

地藏寺经幢细节

从下到上来说，经幢的第一层是基座，共有八面，每面上高约 24 厘米，长约 51～53 厘米，上面刻着《佛说般若波罗蜜多心经》、《大日尊发愿》、《发四宏誓愿》、《造幢记》。经幢第二层浮雕四大护法天王，从东到北依次是持国、增长、广目和多闻。四大护法天王，披甲戴胄，手执斧钺利器，威

严庄重，威武有神。其中东、南、西三个天王，都穿着靴子，脚下各踏一鬼奴。而北面的天王穿着芒鞋，脚踏两鬼奴和菩萨。第三层四面设有神龛，每龛外各有金刚一人，龛内为大日尊说法，旁有弟子、菩萨、天王等聆听。这一层共有佛像和神像40尊，这些雕像衣衫隆起，清晰可辨，极富立体感。金刚神则威猛狰狞，肌肉突出，极为传神。四龛主尊都是大日如来，依密教诸经，大日如来在此处是以四方佛应身出现，正在龛中发四宏誓愿，幢上将此经文刻出。在第三层上下界石上，每面都浮雕尘佛六身，每三身一组，趺坐云中，云头较大，云尾渐远渐小，给人以强烈动感。第四层也是四龛，主尊为四大菩萨，是密宗佛教中金刚界外的四大供养菩萨。第五层雕八个坐佛。第六层幢身突变为横剖“亚”字形，也有四面，每面雕房子一座，房子里面雕有佛像五躯。第七层呈圆柱形，周围雕佛像。最上面为葫芦型的宝顶，周围刻莲花瓣座。全幢下宽上缩，呈竖笋状。整个经幢的雕刻十分精美，宫殿楼阁玲珑剔透，佛像则生动活泼，当代民族史学者方国瑜称赞它是：“雕刻佛像最精，世人咸为惊异，滇中艺术，此其极品也。”

第四编 妙香遗韵的大理宗教

一、原始遗存——大理鬼教

鬼教

生殖器崇拜

铁柱崇拜

二、追求永生——大理道教

三、上古遗韵——本主崇拜

四、妙香佛国——大理佛教

佛国盛况

佛教的影响

在南诏统一云南之前，在当地的主体民族中盛行的是原始宗教，也有一部分人信仰道教的天师道。南诏统一六诏之后，佛教逐渐渗入，在南诏贵族的扶持之下佛教得到了很大的发展，到大理国时期，佛教的发展更是如日中天，大理国主出家为僧的十分普遍，佛教因此在社会上具有崇高的地位。但原始宗教和天师道并没有在佛教的冲击下消失；相反，原始宗教不仅保留了下来，而且还有了一定程度的发展，出现了极具民族特色的本主崇拜。

一、原始遗存
——大理鬼教

鬼教

原始的宗教信仰在我国西南的少数民族地区有十分悠久的历史，早在《华阳国志·南中志》就对当时大理地区的盛行情况作了描述，书中说在这些少数民族之中有一些特别善于言谈并说服别人的人，人们称他们为“耆老”。这些“耆老”常常主持仪式，占卜鬼神。这是关于云南地区原始宗教最早的记载。从汉代以来，当地属于氐羌系统的少数民族昆明人和叟人，他们的部落首领，同时也是宗教的领袖，也就是《华阳国志》中说的“耆老”，这种原始的宗教被称为“鬼教”或“巫教”。

南诏初期，在洱海地区分布的乌蛮和白蛮部落都称这种政教合一的首领为“鬼主”，较大部落的首领被称为“大鬼主”；小部落的首领相反，被称为“小鬼主”。但这种大小鬼主之间并无互相统属的关系，也没有高低之分。“鬼主”的称呼后来一直延续到大理国时期，也有称“魁主”的。在南

诏统一六诏之前，各诏的诏主既是各诏的政治首领，同时又是宗教首领，主持祭祀活动，他们崇信鬼教。例如，在南诏各乌蛮部落中，人死后用火焚烧，只留下两只耳朵，各诏诏主家用金属瓶储藏，以便“四时将出祭之”。同样，当地的白蛮部落实行的也是政教合一方式，他们的首领称为“罗刹”，又称“希老”，对他们的祖先也十分崇拜。

巫教中盛行撵鬼除邪的行为和观念，因此当也以驱鬼避邪见长的道教传入南诏之后，能与鬼教并行不悖，反而两者在一些方面互相融合。南诏后期，随着佛教传入，佛教在社会上层人士的支持下获得了巨大的发展，鬼教逐渐失宠。特别是在劝丰祐独尊佛教，废除道教之后，鬼教的地位更是一落千丈。但是在民间它还有着顽强的生命力，历千百年而不衰。明朝时大理府设置朵兮薄（白族人称大巫师为“朵兮薄”）道纪司，专门管理鬼教和道教事务。

白族人称大巫师为“朵兮薄”，这些人大部分都是世袭的，也有一些是转继相传。他们被视为凡人和鬼神之间的中间人，相信他们的人认为他们能够驱鬼除病。这些巫师一般来说都具有一定的文化，精通各种巫术，并且还懂得一些天文地理和心理学的知识。其中掌握了一定医药知识的人被称为“巫医”。鬼教并没有什么统一的教义和经典，传授方式只能是口耳相传。也没有信仰的主神，只是做一些祭典和所谓的做法术的仪式。在近代，这些朵兮薄主要做的法事可归为三类，一是主持庙会时的迎接和送鬼的仪式；二是为一些

白族做法事

遭了灾的或有病的人家驱鬼之类的仪式；三是每遇丧葬的时候去为别人驱鬼避邪。这和中原地区民间的神汉非常相似。这些朵兮薄大多都是当地的农民，有事情的时候给人家做做法事，没事的季节就在家里做农活。

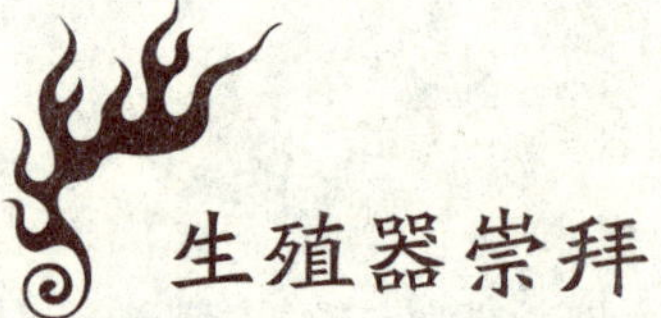

生殖器崇拜

在原始社会，人们源于对女性生殖能力的敬畏而产生了对女性生殖器的崇拜。世界上很多民族都有过对女性生殖器进行膜拜的阶段，白族也不例外。

在石钟山石窟第 8 窟中就有着一个巨大的女性生殖器石雕。当地人称之为“阿盎白”。这个石窟高约 0.9 米，宽 0.6 米，进深 0.65 米。正面的须弥座上原来的佛像已经被毁坏，后世人在其上补雕了一个女性生殖器。生殖器的两边刻着“广集化生路，大开方便之门”。生殖器石雕周围，都是佛教人物像，这是白族人对生殖器崇拜的最好证明。

古往今来，白族人对它仍然十分崇拜，四面八方到此求拜的人络绎不绝。人们按照各自的愿望在阿盎白前面祈祷。未能生育儿女的，祈祷自己能够生育；没有儿子的妇女则请求保佑生个儿子；有了儿女的人到这里，请求自己多子多福；新婚怀孕的

剑川石钟山石窟石钟寺全景

姑娘，用菜油涂在阿盎白石雕的开裂处，祈求自己生育时生产顺利。一千多年来由于跪拜的人非常多，在阿盎白石雕前面已经跪出了两个深坑。

阿盎白

铁柱崇拜

南诏和大理国时期还存在一种独特的铁柱崇拜。在今天云南的弥渡县城北约 3 公里的太花区蔡庄乡，有一处著名的南诏文化古迹——南诏铁柱，又称“崖川铁柱”或“天尊柱”。铁柱是南诏遗物，高 3.3 米，圆周 1.05 米，分五节铸成，上有直书阳文正楷题款一行：“维建极十三年壬辰，四月庚子朔，十有四日癸丑建立。”“建极”是南诏王世隆的年号，应当是在公元 872 年。

关于南诏铁柱的说法历来很多，有人认为是记功柱，但

南诏铁柱

也有人称是佛教的纪念柱，更有人称是诸葛亮经营南中时留下的。元初郭松年在《大理行记》中就记载了这个铁柱，他说：（白崖）甸西南部有一座古庙，庙中有一根铁柱，高七尺五寸、直径有一尺八寸，那是以前蒙氏第十一主景庄王年间铸造的，上面写着“维建极十三年壬辰四月庚子朔十有四日癸丑建立”。他还说当地人每年都要往上面贴金，号称“天尊柱”，一年四季都要祭祀，祭祀之后就有求必应。最后他还说，有些人以为这是诸葛亮当年造的，其实并不是这样。近代徐嘉瑞在《大理古代文化史稿》中说“此柱文字不言武侯，亦不言重铸，足见纯为世隆所立，且为唐代遗物，其可贵程度不在南诏碑下，不必附会于诸葛亮也”。他认为，世隆之所以在弥渡立这根铁柱，是佛教的纪念柱，由此可见当时佛教的兴盛。徐嘉瑞在《大理古代文化史稿》中还说，佛教用石头或者铁做成柱子来纪念古代的佛和神灵。阿育王巡查佛教“圣迹”时，所到之处都建立石柱来纪念。后来，由于佛教传入洱海地区，到世隆时达到极盛，铁柱不再是过去的特殊的崇拜物，铁柱已经被神化了，当地人把铁柱叫“铁柱老祖”。直到现在，每年农历的正月十五，附近的彝族及白族还要杀猪宰羊，成群结队到铁柱庙祭扫“铁柱老祖”，举行“踏歌”以取悦神祇，保佑有个丰收年。清朝道光年间，弥渡文人李菊村撰写的一副对联，描述铁柱和庙宇的显

赫声威："芦星赛祖，毡帽踏歌，当年柱号天等，金缕翔华遗旧垒。盟石淹埋，诏碑苔蚀，几字文留唐物，彩云深处有荒祠。"

关于铁柱还有一个美丽的传说，据说南诏王皮逻阁原本是白王的一个牧人。因为生得英俊潇洒，白王的三公主对他十分倾心，但是无奈家规森严，二人总是没有机会亲近。后来俩人在相遇之后，便私定终身，决定在第二年火把节相会。白王知道这件事之后，就想除掉皮逻阁。但当皮逻阁在火把节上出现时，忽然天边呈五彩瑞气，一对金翅鸟从远方飞来，落在皮逻阁的头顶上，叫着："皮逻阁，三公主。"白王大惊失色，赶忙问身边的国师，国师说这预示两人有注定的姻缘，天意不能违抗，白王只得答应了这桩婚事。皮逻阁登位后就铸造了铁柱，在铁柱的顶端铸了一对金翅鸟。后来世隆又重新立了一根铁柱，只是顶部的金翅鸟变成了一口大铁锅。

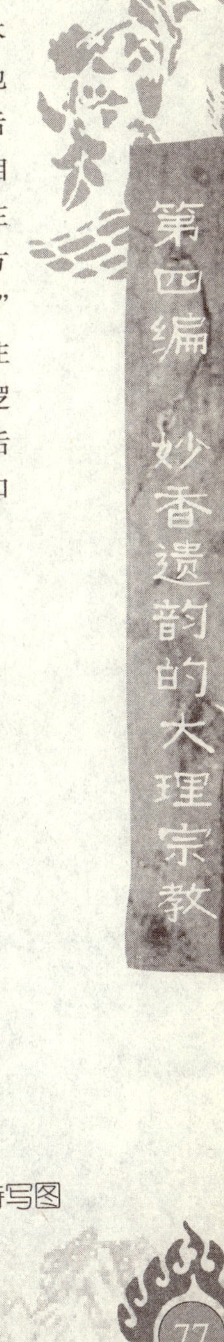

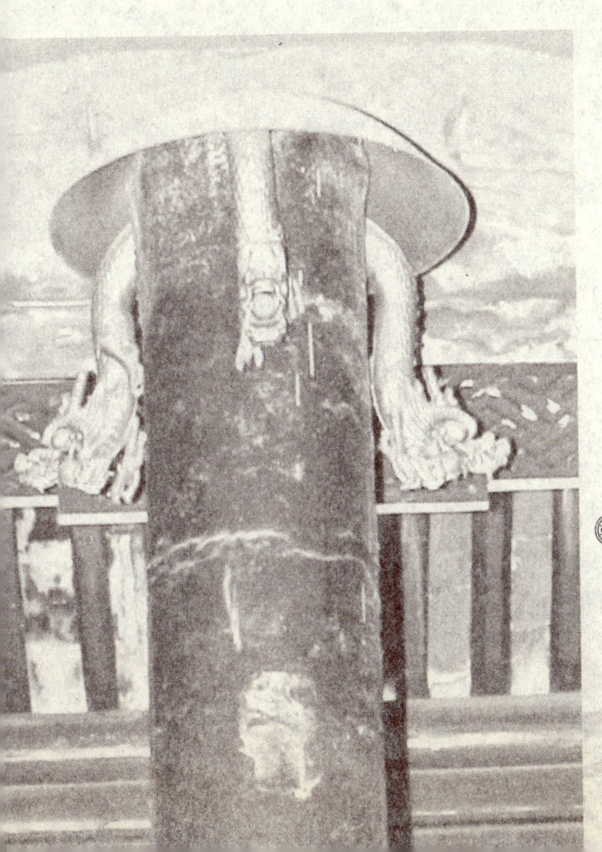

南诏铁柱柱顶的特写图

二、追求永生
——大理道教

道教是中国所独有而颇具中国特色的一种宗教，早在南诏初期就在洱海地区流行。道教主张清修无为，认为按照道教思想理论和戒规进行修炼，就可以长生不老，得道成仙。道教的始祖是太上老君。主要有两大派：一是丹鼎派，该派相信通过清修，可以得道成仙。该派忌腥荤，不结婚，出家修炼的全真道各派都属于丹鼎派，其创始人是宋代的王重阳。二是符箓派，相信斋醮、符箓、禁咒可以禳灾求福，役使鬼神。此派道士不出家，不忌饮食，有妻室儿女，世代相承。东汉时的太平道、五斗米道及后来的正一道等都属于符箓派。其创始人是东汉的张陵，即张天师。

太上老君像

在南诏和大理国时期，云南的主体民族信仰的还是早期道教，即天师道，又称

王重阳像

五斗米道。东汉顺帝时期，张陵在四川的鹤鸣山（今四川大邑境内）学道，后来自立门派，因其在向百姓传教的过程中凡受其道的要出五斗米，故称为“五斗米道”，而被官方称为“米贼”。该派崇信三官，即天官、地官、水官，在为生病的人做法时，把病人的名字写在符上并说明谢罪的意思。符共分三份，一份放到天著山上，一份埋在地下，一份沉入水底，这一过程被称为“三官手书”。后来南诏和唐朝苍山会盟时，在誓文中说，“上请天、地、水三官”，还把誓文写成四份，一份由四川节度使韦皋带回唐朝，其余三本“一本藏于神室；一本投入西洱河；一本（异）牟寻留诏城内府库，贻诫子孙。”这明显与道教的传统是一脉相承的。五斗米道的创立和当时西南少数民族的原始宗教有很大的联系，有人认为张陵在鹤鸣山所学的道是氐羌民族的宗教信仰。张陵在西南少数民族中学道传教，难免不受到少数民族信仰的影响；在另一方面，张陵又对当地少数民族的原始巫鬼教进行了改造，和燕齐的神仙文化相结合，产生了具有新特色的五斗米道。

南诏时期，南诏蒙氏王室崇奉道教。《南诏德化碑》有“阐三教，宾四门”的记载，所谓的三教即指儒、释、道三教，这里讲的道教就是符箓派。《南诏野史》中也记载，在

张天师像

唐开元十四年（公元726年）建立了一座道教的庙，把晋右军将军王羲之奉为圣人。王羲之是道教天师道世家，又是书法名家，很受南诏王族的崇敬。盛罗皮即位之后就把王羲之作为先圣崇拜，并在南诏境内传播道教。唐贞元年间，南诏和唐朝的苍山会盟也是用天师道（符箓派）的礼仪，从中可见南诏崇奉道教的程度。后来由于佛教的兴起，南诏的统治者也曾经排斥过道教，南诏王劝丰祐曾用五千两银子，铸造了很多佛像，改奉佛教中的密宗，并废除了道教，但是道教仍在大理民间广为传播，从未终止。道教虽被官方废掉，但在民间还有很强的生命力。

天师道至今仍然在大理12个市县传播和发展，民间凡祈神求雨和祛病、超度祖先亡灵或道教宫观为神仙塑像开光时，都要请天师道道士念经祈福。现在大理地区民间天师道主要有两派：一为正一西河派，又称灵宝教，用江西龙虎山萨真君西河派道谱，此派传播地区主要在巍山、剑川等地；另一派为正一龙门派，又称清微教，用巍山县巍宝山邱长春

龙门派道谱，此派在巍山、弥渡、祥云、宾川、大理、洱源、剑川等县市的民间广为流传。

大理地区的道教丹鼎派，即全真道，在大理国时期开始兴起，此派提倡出家修道。这时期的道观有巍山县的玄珠观（今玄龙寺）、大理的中和寺等。全真道在明清时期开始兴盛，明代在云南设卫屯田，大批汉族官兵进入大理，将内地道教再次传入大理，清代大理国的道教得到进一步的发展。这时期的道教丛林有巍山县的巍宝山，剑川县的满贤林、金华山、老君山，云龙县的虎头山，祥云县的天峰山等。明清时期，大理各府州县均有道纪司，统管道教。其中大理府道纪司设在府城的栖霞观，蒙化府设在城东玄珠观，清代设在巍宝山。民国后道纪司改为道教会。直到今天，该派在大理地区还有传播。

巍宝山以南诏发祥地和道教圣地而出名

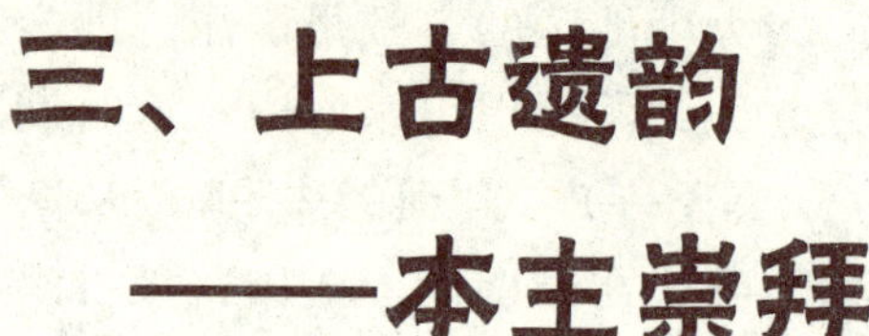

三、上古遗韵
——本主崇拜

在南诏佛教盛行的前后，云南地区的主体民族在原始宗教的基础上又发展出了新的本主崇拜。所谓本主，就是“本境土主”、“本境福主”的简称，人们在信仰的原始诸神中选择某一个神为主神，作为保护本地一方的主。在白语中本主有“武增”、“倒博”等多种称呼。本主有偶像，供奉在本主庙中，一般是一村一个，但并没有专人守护。白族人相信，本主能够保佑他们“为士者程高万里，为农者粟积千钟，为工者巧著百般，为商者交通四海”。

本主崇拜是在原始宗教发展的基础上发展而来的，起源于古人对一些自然物和自然力的崇拜。南诏时期，南诏王曾经“封十七贤为十七山神”。大理国时期也有封山神的事情。刻于大理国元亨二年（公元 1186 年）的《兴宝寺德化铭和嵇肃灵峰明帝记碑》上的《嵇肃灵峰明帝记》，就是记载大理国权臣高氏的一支、被封在居阳派（今姚安城西）的高踰承光祭祀嵇肃山神的盛典。嵇肃山在当时作为神，被尊为“明帝”，成了一方的保护神，而具有了本主的意思。现在大理地区的本主中还有很多属于自然物和自然力的本主，例如各种山神、石神、龙神、太阳神等，这些本主大都是在南诏和大理国时期产生的。

在本主崇拜的形成和发展过程中，南诏和大理国历代国王、清平官、大军将等，以及在当地有影响的汉族人物都被纳入本主的行列。例如，南诏王阁逻凤、异牟寻、细奴逻、世隆、天兴国主赵善政、大理国主段思平、唐将李宓、清平官郑回、书法家杜光庭、大军将段宗牓等。除了历史上的这

南诏行宫与中央本主段宗牓塑像

些名人之外，一些神话传说中为人们所喜爱的人物也被纳入了本主的行列，例如慈善夫人、除蟒蛇的英雄段赤诚等。随着佛教的兴起，一些佛教的菩萨和神也挤进了本主的行列，例如护法神大黑天神等。本主中众多的人物一般来说并没有什么统属关系，但在大理国时期，大理国段氏封其祖先段宗牓为“神中之神”，统率所有本主。

直到今天，凡是白族聚居的村庄(包括云南省境内，以及湖南、湘西、贵州、四川西昌等地的白族聚居区)都有本主崇拜。一般说来，大多数是一个村庄供奉一个本主，但也有一个村有两个以上本主，或几个村一个本主的，没有本主的村子将会被人讥笑为“没主营”。凡本主都建有本主庙，本主庙一般都建在村头或山麓、湖边景色幽静之处，周正壮观，和白族民居十分相似，所不同的是在大门正中会有戏台或照壁遮挡。本主庙中除了供奉本主之外，本主的妻妾、子孙、侍从卫士、三霄圣母(子孙娘娘、卫房圣母、送子娘娘)、六畜大王、财神、判官等也都在供奉之列，最多的可以达到七八十人。本主一般都被称为“帝”，和古代的帝王一样，每个本主都有自己的谥号，并被写在专门制作的本主牌位上。

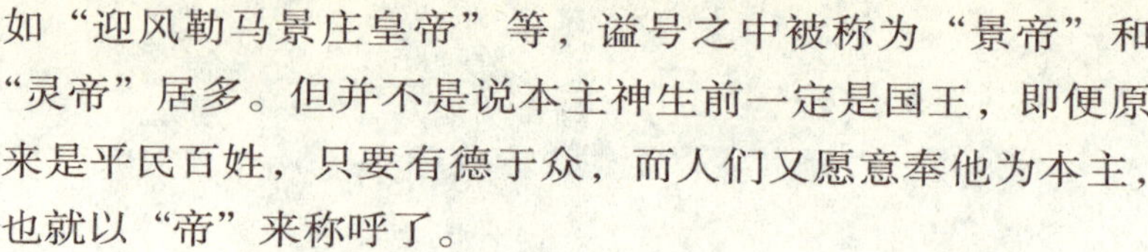

如“迎风勒马景庄皇帝”等，谥号之中被称为“景帝”和“灵帝”居多。但并不是说本主神生前一定是国王，即便原来是平民百姓，只要有德于众，而人们又愿意奉他为本主，也就以“帝”来称呼了。

每个本主都有自己特定的节日，有人称本主诞辰。这是村民对本主一年一度的大祭祀，日期一般都选在春秋农闲时节，时间则三五日不等。每当这个时候，村民们都要用轿子、木轮车将本主一家的像从本主庙中迎出，然后到本主所辖村庄巡视一周，前呼后拥，凤辇龙舆，唢呐高奏，锣鼓喧天，沿途各户都要准备供品、香火等候祭祀，犹如皇帝出巡。村里还要龙舞狮，表演田家乐，唱大本曲和吹吹腔，热闹非凡。而在平时，各家有大灾小难，婚配嫁娶，或者生老病死，出远门或远行归来，甚至升学，都要到本主庙里献祭，并邀请亲友聚餐，用鸡骨占卜吉凶，借以祈求本主保佑。

本主庙里都有很多楹联，横额上常常写有“善求必应”四个字，这与汉族拜神时所说的“有求必应”是不相同的，人们希望本主的是能够“保土安民”。因此，本主不仅有保护渔猎、农牧之神，也有生育、医药之神，甚至还有战争之神，它囊括了社会生活各个方面的神。白族人相信，只要自己不做坏事，无论走到哪里，都能够得到本主的庇护。

本主既是神又是人，具有和人一样的性格，所不同的是他们具有令人敬畏的超自然力。本主也都有七情六欲，也有人伦之常，他们和凡人一样不仅可以谈情说爱，甚至可以男女私通，娶妻生子。他们具有和常人一样的性格，有的温顺，有的急躁，甚至连饮食习惯也各不相同。但在保境安民这一点上，他们都是尽职尽责的。本主的这些性格特征，在白族本主神话故事中都有反映。比如洱海西岸有个村的本主是女性，据说她与邻村的一个男本主关系暧昧，因此，善良的村民们把两座本主庙相对的南北墙只修了一半，以方便二人相会。苍山麓有个村的本主平常骄傲自大，目中无人，自封为“三百神王”，但后来在“五百神王”的引诱下接受了

一条布带，这条布带立刻变做一条铁链把他团团捆住，被狠狠地教训了一顿。吃了这次亏之后，再也不敢自吹自擂，被人戏称为“铁捆将军”。有的本主不吃鱼，有的不吃鸡蛋、不吃羊肉；有的怕增加百姓负担，不让供丰盛的食品，不一而足。对本主的崇拜并不代表着白族人对这些本主们敬而远之，白族人甚至敢于调侃本主，例如鹤庆有一个村的本主是女性，叫白姐。相传她常与附近一个村的本主东山将军私通，有一次东山将军在白姐那里聊过了头，慌乱中错穿了白姐的一只绣花鞋。至今白姐和东山将军的塑像都是各穿一只绣花鞋。类似有趣的故事比比皆是，这哪里像彼岸世界的神？分明是世间凡人的写照。

四、妙香佛国
——大理佛教

佛国盛况

南诏和大理国时期洱海地区的宗教状况比较复杂，除了原始的巫鬼教、本主崇拜、道教之外，在南诏中期时佛教也开始传入。佛教传入之后，在南诏和大理国王室的扶持之下，佛教获得了很大的发展，并占据统治地位。佛教寺院不仅拥有大量的社会财富，而且在政治上也有很高的地位，对社会各个方面都产生了十分深远的影响。佛教信仰与原始的巫鬼教和道教发生了激烈的矛盾，这一时期的一些神话就反映了佛教传入后和本土宗教信仰之间斗争的情况。由于佛教在大理地区的兴盛，在古代就有“妙香佛国”之称。

佛教在何时传入洱海地区，并没有可靠的证据，但可以肯定的是在南诏中期，佛教已在洱海地区盛行，在南诏王以前，佛教已经流传到了南诏的中心地区。印度僧人到洱海地区传播佛教是有记载的，例如赞陀崛多就是一个深受南诏王劝丰祐器重的印度高僧，被劝丰祐尊为“国师”。他凭借王室和贵族的支持，金身布施，大建庙宇，塑佛像，收信徒，逐渐兴盛。南诏王室是佛教的坚定支持者，他们不惜耗费重金建造佛塔、铸铜佛、造石窟。劝丰祐的母亲出家为尼时，“用银五千两，铸佛一堂”。在劝丰祐死后，权臣王嵯巅专权，为了清除王嵯巅，当时出兵缅甸归来的大军将段宗牓致书王嵯巅，声称自己从缅甸迎来一尊金佛，只有他才能在首

府城门前迎接。王嵯巅不知是计，亲自出来迎接，段宗膀命其拜佛，趁此机会杀了王嵯巅。段宗膀计杀王嵯巅，就是借用了当时人们信仰佛祖的力量。

南诏王世隆推崇佛教。当时唐朝多次派遣使者到南诏，世隆都不肯下拜，后来西川节度使高骈了解到，“其俗尚浮屠法”，于是便派了一个名叫景仙的僧人充当唐朝的使者。南诏王世隆却率领群臣拜迎。在南诏他还建了大量的寺院，史书记载，他建了“大寺八百，谓之‘兰若’，小寺三千，谓之‘伽蓝’”，这些寺庙广泛分布在云南境内，家家户户，都以敬佛为最重要的事。隆舜当政之后，组织绘制《南诏图传》，这是一幅钦定的南诏国史画，它的内容基本上是以宗教为题材的，而佛教在里面占了相当大的篇幅。除了绘制《南诏图传》外，隆舜为了表示自己对佛教的崇拜，他改名为“法”或“法尧”，建元“贞明”、“承智”、“大同”、“嵯耶”，他还自称“摩诃罗嵯”。而“法”和“法尧”，都和

唐代南诏画传中的大理国利贞皇帝

佛教有关；以“嵯耶”为年号，是和崇信阿嵯耶观音菩萨有关；“摩诃罗嵯”则是佛教阿吒立派护法神大黑天神。隆舜在位时期，曾以黄金八百两，铸文殊、普贤像，敬于崇圣寺。

晚唐南诏时期昭觉博什瓦黑明王出行

郑买嗣发动宫廷政变取得政权之后，曾铸佛万尊为他杀南诏王室 800 人表示忏悔，并“集十六国之铜”铸高一丈六尺的铜观音像。其后虽然历经战乱，但崇佛之风不减。大理国时期佛教更加兴旺，年年建寺不已，上下崇佛，蔚为成风。

段思平建立大理国之后，义宁国主杨义贞即被废为僧人。段思平本人也十分崇信佛教，据《增订南诏野史》记载，他“好佛，岁岁建寺，铸佛万尊”。在大理国时期，段氏共传 22 主，除了第 2 代国主段思英被他的叔叔段思良废为僧之外，前后还有九个国主还在世时就禅位为僧，这在中国历史上是十分罕见的，佛教的地位由此也可见一斑。大理国最后一个国主段智兴在位时，十分崇信佛教，也自称“摩诃罗嵯”。他不仅自己崇信佛教，还要求大臣也信佛教，并且请僧人到朝廷说法，而不理朝政。著名的《张胜温画卷》就是作于段智兴时期，画的内容也是以佛教为主要题材。

在南诏和大理国时期，不仅王室和贵族信奉佛教，他们还劝谕百姓信佛。南诏王劝丰祐曾经废除道教，提倡信仰佛教，他要求百姓每家都要供奉佛像于堂，念诵佛教经典，手拈数珠，口念佛号。在他们的影响和推动之下，民间也普遍信仰佛教。元代郭松年《大理记行》中说：“此邦之人，西去天竺为近，其俗尚浮屠法，家无贫富，皆有佛堂。人不以老壮，手不释数珠，一岁之间，斋戒几半，绝不茹荤饮酒，

至斋毕乃已。沿山寺宇极多，不可殚记。”可见佛教在大理的盛况，因此，大理有“妙香佛国”的别称。

大理的佛教，传入较早的是大乘佛教瑜伽密宗。它的僧人被称为“阿吒力”，意为“轨范”、“导师”，因此又称阿吒力派，其僧人称为“师僧”。密宗僧人可以有自己的家室，南诏王劝丰祐曾把自己的妹妹越英嫁给了阿吒力赞陀崛哆。阿吒力的后代也可以世代为僧，如今天大理凤仪北汤天村白族董氏，自大理国国主段思平以来直到解放前夕，已经传了42代。阿吒力主要传播的是“三密”（诵咒、结印、心想）、念符咒、施法求、驱鬼、禳灾和祈佛等迷信活动，使人们幻想来生能到达“彼岸世界”。

南诏和大理国时期，在阿吒力派盛行的同时，佛教的另一派显宗也相继传入，但由于没有官方的支持，其势力微乎其微。直到忽必烈攻破大理之后，密宗失去了统治者的支持，势力逐渐衰弱。这时，由于国家的统一，大理与内地的文化交流大增。元朝初年，云南雄辩法师到内地云游，把属于显宗的禅宗派佛教带回了云南。明代初曾下令禁止密宗传播，使密宗受到沉重打击。但由于密宗为洱海地区原有的佛教，并没有被完全禁止，而被视为“土教”，这时主要在民间流传。有一些阿吒力派僧人变成了专门以驱鬼消灾为职业的密教世家，如上文提到的董氏。1956年在该村密宗的主要寺庙“法藏寺”中还发现了董氏从唐、宋、元、明时期收集珍藏的密教佛经抄本、刻本共三千余卷，被称为我国古代佛经文物瑰宝，现大部分收藏于云南省博物馆中。

佛教的影响

佛教在传入南诏洱海地区之后，与当地的原始宗教、天师道等必然会发生冲突。这种情况突出地反映在这一时期的神话传说中。例如《观音伏罗刹》的传说，讲的就是佛教和

当地原始宗教相斗争的故事。观音代表佛教密宗，而罗刹代表巫教。因为罗刹作恶多端，于是菩萨用法力把一个山洞变成了金碧辉煌的宫殿，引诱罗刹父子进入山洞，然后用巨石封了洞门，并让铁匠浇上铁永久封存。之后，又在山洞之上建造一座塔，镇住罗刹父子。这其实是佛教和当地原始的巫教相互斗争事实的神话化。南诏王劝丰祐还曾经下令废止道教，借助王权的力量来推行佛教，压制其他宗教。

佛教传入洱海地区之后对当地政治、经济和文化都产生了十分深远的影响，佛教渗入当地人生活的方方面面。佛教在南诏的兴盛得到了王室和贵族的有力支持，僧人在社会上有很高的地位，他们被称为“师僧”，一些还被尊为“国师”。甚至一些僧人还被派到战场，靠做法术来指挥军队。大理国时期，不仅有近一半的国主出家为僧，还有很多的贵族子弟也出家为僧，国主和贵族子弟出家无疑使佛教获得了极为尊崇的地位。一般僧人在念佛经的同时还读儒家经典，通过考试为宦为官。所以佛教和政治之间有着千丝万缕的联系，一些僧人本身就是政府官员，甚至是皇帝。政治上的尊崇地位，必然带来经济上的巨大利益。从南诏中期开始到大理国时期，不仅建造了大量的寺院、佛塔、佛像和石窟，寺院还拥有大量的地产。佛教寺院的规模之大更是令人咂舌，据《增订南诏野史》记载，仅仅崇圣寺和崇圣寺三塔，就方七里，有佛像 11400 尊，房屋 890 间，用铜 20295 公斤。在文化方面，佛教僧人一边读佛家经典，一边又熟读儒书，在当时可以算得上是大理的知识分子。这些有文化的僧人被称为：“释儒”或者“儒释”。当时并没有学校，僧人在佛寺中教育儿童熟读佛经和儒家经典，寺院成了当时的学校。

苍山南诏国时期始建的中和寺

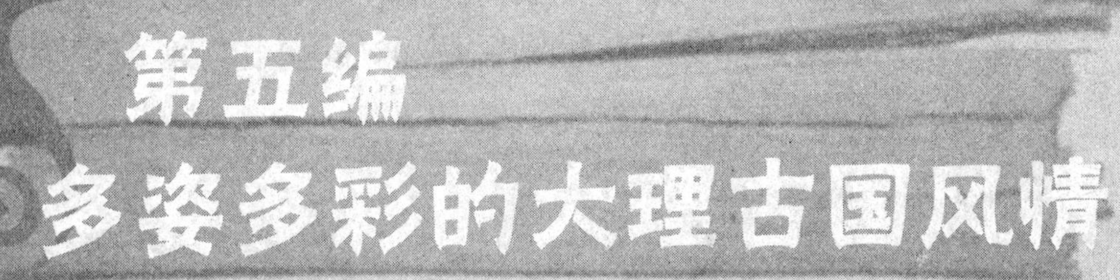

第五编 多姿多彩的大理古国风情

一、人伦之常——婚丧习俗

婚姻制度

丧葬习俗

二、人之大欲——服饰与饮食

服饰习俗

饮食文化

三、神人共乐——民间节日

星回节

火把节

三月街

绕三灵

云南又是我国少数民族最多的地区，各民族交相杂居，互相融合，长期以来形成了独具特色的民族习俗；南诏和大理国时期佛教、道教的传入，再加上本地原有的宗教，这些一起深深地影响了当地人的日常生活，在漫长的历史长河中形成了极具民族特色的民间节日。三月街的盛会，火把节的狂欢，独特的婚恋习俗和服饰饮食都让人怦然心动，不禁心生向往之意。

一、人伦之常
——婚丧习俗

婚姻制度

在南诏和大理国时期，主体民族中的婚姻制度，基本上是一夫一妻制，当然政府并没有明确的规定必须实行一夫一妻制。在现实生活中，普通的平民百姓并没有太多的财力来娶几房媳妇；而社会上层，例如王室和贵族他们可以而且有能力实行一夫多妻制。南诏王就拥有大量的嫔妃，多的可达数百人，南诏王的这些妻妾被总称为“诏佐”。在这些“诏佐”之中，她们的地位各不相同，因此又有不同的名称，例如王后被称为“信么”或“九么”，而一般的妃子则被称为“进武”。“信么”中的“信”在当地语言中意思为“王”，这与南诏王寻阁劝自称“骠信”有关。南诏王如此，而他的臣下当然也不例外，清平官、大军将等也都有妻妾数十人。大理国时期也是如此。在这一点上他们和中原王朝并没有什么区别。

然而在民间的婚姻习俗上，南诏和大理国时期的主体民族还保留了很多原始的成分，例如，同姓通婚、交错从表婚、婚前的社交自由等。

在南诏早期，曾经存在过“同姓通婚”习俗。据《西洱河风土记》记载，当时属于白蛮的西洱河蛮“娶妻不避同姓”。又据《僰古通记·蒙氏世家谱》记载，南诏王阁逻凤曾在“赞普钟二年癸巳，下令不许同姓为婚”。“赞普钟”是南诏王阁逻凤的第一个年号，也就是公元754年。从阁逻凤发布这道命令来看，当时和在此之前，同姓通婚的现象应该是普遍存在的。

诏风情岛上的沙壹姆雕像，周围是她的几个儿子的雕像。这个故事描述了白族祖先近亲群婚的状况。

婚前的社交自由。在南诏和大理国时期，青年男女在婚前的性行为是很随便的，不受约束的，但是在结了婚之后就有十分严格的规定，性行为活动受到限定。据《西洱河风土记》记载，“处女孀妻，淫佚不坐”，就是说处女和寡妇，虽然性活动比较混乱，但并不受到惩罚。又据《云南志》记载，当时处女和孀妇可以抛头露面而不加禁止的。有少年子

弟，常常在傍晚或者黑夜到处游荡，用吹笙或唱歌来表达自己的爱慕之心，相互交往。在这些女子出嫁的时候，她们的情人都来相送。从这些史籍的记载来看，当时男女的婚前性行为是相当随便的，这种状况一直保留到了大理国时期和元朝初年。据《云南志略》记载，当时的少年子弟仍然和以前一样，常常在傍晚和夜间到处行走，边走边吹芦笙或者唱歌，在声音之中寄托情谊，有情投意合的就成婚。但是从南诏时开始，男女一旦成婚，双方都不能再有性方面的自由，并且对违反者的惩罚是很严厉的。当时是“有夫而淫，男女俱死”，“既嫁有犯，男子格杀无罪，妇人亦死”，“已嫁有奸者，皆抵死”。虽然当时的等级森严，但是即使是有钱有地位的人触犯了这些规定，可以用财产来赎命，但还是要被流放到丽水，并且这种流放是终身的，在那里一辈子都不能再娶。

另外，在当时各民族之间通婚的现象也很普遍，在族别上并不是十分严格。唐朝初年的洱海地区各诏之间是可以通婚的。白族的形成就是这种民族融合的产物，白族的祖先白蛮，不仅和当地的乌蛮通婚，和当地汉族之间通婚也十分普遍，白族的形成正是这些民族融合之后的结果。

丧葬习俗

南诏和大理国时期洱海地区的主体少数民族的丧葬既有火葬，又有土葬。唐朝初年，洱海地区的主体民族乌蛮在死后都用火葬。据《云南志》记载，当时蒙舍诏和其他乌蛮各部落都不实行墓葬，在死后的第三天焚烧尸体，骨灰都被掩入土中，只留下两只耳朵。南诏王家里的人死后，先用金瓶把耳朵装起来，然后用银盒子再把金瓶装好，放在隐秘的房间里，一年四季都拿出来祭祀。其他的人家则用铁瓶或者铜瓶把死者的耳朵装起来。由此可见，当时在乌蛮中盛行火

葬，但最具特色的是在焚尸前先把两只耳朵割下保存以备祭祀。

乌蛮和古氏羌人有着莫大的渊源关系，而古氏羌人就盛行火葬，故乌蛮人的火葬当和古氏羌人的习俗有关。古氏羌人实行火葬有很深的宗教渊源，古羌人的巫经《天路指明》中说“飞仙由火化”，“火山人归化”、“命父火九层，命母火七层”，意思是说人心必须经过火的净化，才能到达天国，同时这也是乌蛮人的信仰。但乌蛮人的火葬习俗除了宗教上的原因之外，还和他们的生产和生活方式有很大的联系，羌族人最早活动在甘肃、青海一带，过着游牧生活，居无定所。如果实行墓葬的话，容易使祖先的遗体落入到敌人手中，使祖先蒙受耻辱，而实行火葬，就免除了这种担忧，仅仅保留两只耳朵便于携带迁徙。后来，古羌人迁移到洱海地区成为乌蛮人之后，这种习俗一直保留了下来，即使后来有了定居的生活，仍然沿用旧习。及佛教传入之后，佛教僧人的火化习俗同乌蛮的火葬习俗合流，使乌蛮的火葬仪式更加复杂。

火葬罐

此外，乌蛮人的灵台也很有意思，灵台相当于汉族的祖先牌位。与汉族不同的是，不同的家族用不同材质的灵台，而灵台的材质也是世代相沿，不能更换，所以仅仅从灵台的材质上就可以分辨出某人属于某个家族。因此，当两个互不认识的乌蛮人走到一起闲谈时，只要彼此同姓，灵台材质又相同就会被认为是同宗，于是就分外亲密。如果一个家族绝嗣，只有灵台材质相同的家族才能继承他的财产。

相比而言，这一时期的白蛮的丧葬要比乌蛮人复杂得多。虽然白蛮人也和氐羌人有一定的渊源关系，但是白蛮受汉文化的影响较深，也实行土葬，并使用棺材等。同样是土葬，但是白蛮实行的是捡骨二次葬，也就是在人死之后，先下葬等肌肉腐烂后，再把骨头收集起来，再次下葬。这与白蛮人的宗教信仰有关，白蛮人认为，血肉是属于人世间的东西，应该等它腐烂之后才能做正式的最后埋葬，这样死者才能进入另一个鬼魂的世界。

除了土葬之外，白蛮人也实行火葬，这明显是受到了佛教的影响。从南诏中期以来，佛教传入洱海地区，白蛮人崇信佛教，在佛教的影响之下，白蛮人最迟在大理国时期改土葬为火葬。元朝初年《云南志略·诸夷风俗·白人风俗》中记载，“人死，浴尸束缚，令坐。棺如方柜，击铜鼓送丧，以剪发为孝，哭声如歌而不衰，既焚盛骨而葬。”1959年，在大理喜洲弘圭山发现了赵兴明母亲的墓幢。墓幢成扁方柱形，顶部有莲花浮雕，四周刻着梵文，中间有佛像，周围刻有七行字，上面写着白族赵兴明的母亲亡于元亨十一年，火化之后赵兴明为他的母亲造幢等事情。从这个墓中我们可以看到白族墓葬受佛教影响之深。

云南火葬

一直到元、明两代，白族人仍然实行火葬，这一时期发现的火葬墓地很多。到了清朝之后，因受汉族影响，再加上清朝官方禁止火葬，白族人方才多行土葬。

二、人之大欲
——服饰与饮食

服饰习俗

南诏和大理国时期，洱海地区的主体民族的服饰和饮食习惯受到汉族的和其他少数民族的影响，但是在很大程度上仍保留着自己的民族和地方特色。在服饰上，据《云南志》记载，洱海地区的乌蛮和白蛮人的服饰，男子“略与汉同”，女子则穿短衣和裙子。不过其服饰总体来讲与汉族人相比还是有很大的差别，有自己明显的特征。

在南诏和大理国时期，不仅男子披毡，连女子也常常披毡。这应该和当时的主体民族渊源于从事游牧部落的古羌人有关，再加上当地还盛产羊毛，披毡也就成为一种流行的习惯。《岭外代答》卷六中就记载了当地人披毡的习俗，书中说西南少数民族地区盛产绵羊，多产羊毛，因此“自蛮王而下至小蛮，无一不披毡者。但蛮王中锦衫披毡，小蛮袒赐毡尔。北毡厚而坚，南毡之长至三丈余，其阔亦一丈六七尺，折其阔而夹缝之，犹阔八九尺许。以一长毛带贯其折处，乃披毡而系于腰，婆娑然也。昼则披，夜则卧，雨晴寒暑，未始离身。其上有核桃纹，长大而轻者为妙。大理国所产也，佳者缘以皂。”由这段记载可见，在南诏和大理国时期，披毡是一种十分普遍的现象，白天披在身上做衣，晚上则可当被子用。白族披毡的习俗直到元朝初年还保留着。当时人们不论贵贱都跣足，即赤脚。据记载，“其俗皆跣足，虽清平官、大军将亦不以为耻。”

㊣ 白蛮人发式

南诏还有一种“金佉苴”，即腰带，很有特点。它是南诏男性统治阶层的一种装饰品，并不是任何人都能用的。只有曹长以上，或者有功勋而得到褒奖的人才能使用。一般人只能用牛皮做的腰带，并且漆成红色。

在服装颜色上，南诏当时认为“绯”、“紫”两种最为珍贵，紫色要高于绯色。有很大功勋的人才能被南诏王赏赐穿锦袍，但是比赏穿锦袍更高级的是披老虎皮（大虫皮），在这里面还有分级。功劳最大的全身披老虎皮，功劳较小的胸前背后披虎皮，再次的仅仅在前胸披。

当时人的发式，男子“总发于脑后为一髻”，女子把两股发辫编成髻，髻的下面接着耳朵，上面坠着珍珠、金、贝、琥珀等。南诏时的妇女还不施粉黛，有一种酥油滋润头发。南诏时期盛行一种头囊，这种头囊十分特别，“其制度取一幅物，近边撮缝为角，刻木如樗蒲头，实角中”。这是一种男性的帽子，形状如同圆椎型，旁边有两角外翘，帽结像塔尖，两端还有飘带。但是这种帽子并不是每个人都可以戴的，按当时的规定，只有羽仪长以上以及有功勋的人才可以戴。并且，帽子颜色的不同也代表着不同的身份，南诏王是红色的，其他人则是黑色的。

从《张胜温画卷》、《南诏图传》、《石钟山石窟》中可以看到，世俗人男女都有程度不同的披毡，戴头囊，披老虎皮等等，但大部分所穿的和唐代人穿得一样，都是宽袍大袖。这明显是受到了汉族的影响，但披老虎皮则是受到了吐

蕃的影响。

在今天的洱海地区，主要民族白族的服装已与历史上的大不相同。“苍山绿，洱海青，月亮白，山茶红，风摆杨柳枝，白雪映霞红”是婀娜多姿、飘然若舞的白族服饰的真实写照。白族人崇尚红白两色，色彩对比明快而映衬协调，挑绣精美，有镶边花饰，朴实大方。白族男子服饰差别较小，简洁朴实。一般穿白衫、长裤、裹腿、草鞋，外罩黑领褂，或皮质，或绸缎，下着黑色或蓝色长裤。妇女服饰则既鲜艳华美又素雅大方，上身和头饰比较艳丽，下身较朴素。姑娘和小孩的服饰比较艳丽，中老年服饰比较淡雅。

白族妇女服饰

饮食文化

洱海地区，地形复杂，既有崇山峻岭、深渊峡谷，又有宽阔的平原和湖泊，各种农作物都可以找到适合的生长地方。早在南诏时期，中原传统的“五谷”在南诏已经齐全，人们也是以这些为主食。当地畜牧业也比较发达，肉类食品也很丰富。

在食用器皿上，南诏王家里用的是金银器皿，一般的官员用的则是竹器，贫贱的甚至不用任何器皿，用芭蕉叶盛食物，用手直接取食。

但南诏和大理国时期，最具民族特色的要数肉类的食用方法了。当时最有名的一道菜是“鹅阙”，吃法是，“取生鹅治如脍法，方寸切之，和生胡瓜及椒榝啖之，谓之‘鹅

阙'，土俗以为上味"。当地人不仅吃鹅如此，吃别的肉也是如此，例如《云南志略·诸夷风俗·白人风俗》里记载，白族人以吃生为贵，像猪、牛、鸡、鱼都是生的用醋和蒜泥拌后就吃。这种吃法又被称为"剁生"。这种吃法在南诏和大理国时期都是如此，直到今天在白族地区还保留着这种吃法。他们还保持着把各种肉类和各种作料拌在一起生吃，或者吃半生不熟的东西，这种东西被称为"生皮"或者"烤生皮"，白语中称为"海宵"，现在已成为白族菜肴中的一道名菜，各地到大理旅游的人都想尝尝这道最具民族特色的美味。

在日常生活中茶和酒都是不可缺少的饮料，在南诏和大理国时期洱海地区的人们已经学会了一些独特的喝茶和饮酒方法。在南诏和大理国时期，人们在喝茶时，把花椒、姜、桂皮和茶叶放在一起煮着喝。以我国中医的理论，这种喝茶方法是挺有讲究的。我国古代中医认为，茶味甘苦微寒，而椒、姜、桂等都是热性，把这些混在一起煮着来喝可以去寒。这种习俗一直保留到今天，被称为"擂茶"。

盐是人们日常生活中不可或缺的东西，在洱海地区并没有海水可以煮盐，当地生产的主要是井盐。在南诏和大理国时期，政府控制了盐的生产和销售，实行官府专卖制度。其中今天禄丰的盐井，出产的盐洁白味美，被南诏王室作为御用，别人不许食用。

白族三道茶

三、神人共乐
——民间节日

星回节

洱海地区的主体民族在长期的生产和生活中，不仅创造出了丰富多彩的物质文化，而且形成了丰富多彩的民间节日，成为人们繁忙生活中的一种调节。今天大理地区少数民族的民间节日，大都在南诏和大理国时期已经产生。

在南诏时期，最隆重的节日要数星回节了，但是关于星回节的记载却并不多。因此对那时星回节的盛况不能做一个全面的描述。星回节在每年夏历的十二月十六日，《礼记》上说，“季冬之月，星回于天”，意思是说在冬天的最后一个月的这一天北斗星正好转回，标志着一年的终结和新的一年的开始。

火把节

然而，南诏和大理国时期在主体民族民间普遍流行的节日当首推夏历六月二十四日或二十五日的火把节。有关火把节的记载，首先见于元朝初年的《云南志略·诸夷风俗·白人风俗》，书中记载说，六月二十四日这天晚上，白族人通宵都打着火把，小孩子也拿着松明火相互玩要，这被认为是驱鬼避邪。火把节的来源和民间的神话传说有很大的关系，但

大理白族火把节场景

是历来说法不一，总的来说共有四种说法。

第一种说法是：汉朝大将郭某征伐叶榆（即今天的大理地区）时，杀了当地首领曼阿奴。当他看到曼阿奴的妻子阿南非常漂亮就想霸占她，但阿南夫人誓死不从，于是赴火举刀自杀，当时是在六月二十四日。于是后人为了纪念阿南夫人对爱情的忠贞，就在这一天焚烧火把来纪念阿南夫人。

第二种说法是：三国时期，诸葛亮南征，在夏历六月二十四日晚生擒孟获，并在夜里进入城中。城中父老打着火把出来迎接，以感谢诸葛亮为他们除去暴君。后来就在这一天的晚上燃烧火把来纪念这件事。

第三种说法是：南诏王皮逻阁为了消灭其他五诏，统一洱海地区，设下一计。通知其他各诏诏主在夏历六月二十四日到南诏的松明楼集合一起祭祀祖先，阴谋在松明楼中烧死他们。邆赕诏诏主的妻子慈善夫人看出了皮逻阁的诡计，就劝他不要去，但诏主不听劝阻执意要去，于是慈善夫人在她丈夫的胳膊上戴了一个铁钏。结果，其他四诏的诏主都被烧死，尸骨无从辨认，而只有慈善夫人却凭着她丈夫臂上的铁钏得以相认。皮逻阁看到了慈善夫人之后，被慈善夫人的美貌吸引，于是要强行娶慈善夫人为妻，慈善夫人誓死不从，据城对抗皮逻阁，最后弹尽粮绝而死。后人在她丈夫被烧死

的那一天晚上焚烧火把，以此来纪念慈善夫人的贤惠忠贞。

第四种说法是：相传天上的恩梯古兹（彝族神话故事中的天神）派喽罗到凡间收苛捐杂税被杀后，为了报复，放出害虫到凡间祸害人们，而凡间的人们毫不妥协。人们晚上在田间点燃火把消灭害虫，三天之后害虫基本被消灭掉，但是还有一些藏在人间各处。于是人们相约在每年的六月二十四日这天晚上用火把焚烧害虫，于是人们就把这天定为“火把节”。

关于火把节的传说还有很多，不同的民族有不同的说法。但是究其根源，火把节应该属于古人对火原始崇拜的一种遗俗。火把节在古代也有称“新火节”的，因为火是光明的象征，代表理想和希望，在火把节这天重新点燃火把，目的是为了除旧布新，让火永不熄灭。

在火把节的这天晚上，在当时还有摔跤表演，当时称为“跌四把腰”。古人曾有很多写大理火把节盛况的诗，现录两首以飨读者。元代文璋甫有诗云：“云披红日恰衔山，列炬参差竞往还。万朵莲花开海市，一天星斗落人间。只疑灯火烧元夜，谁信乡傩到百蛮。此日吾皇调玉烛，更于何处觅神奸。”明代有诗云：“渐看西日隐帘栊，夜色依然皆火中。朱烟歙绝千门合，列炬参差四望同。遥

大理白族火把节火把

讶原怜深映雨，迎惊山烧乱从风。”

在今天洱海地区火把节还十分盛行，每年的这一天，各村寨都要竖起一支大火把，在上面插上写有“五谷丰登”、“国泰民安”、“风调雨顺”等吉祥语言的旗子。观看过大火把之后，各家各户的小孩要玩小火把，并在大人的带领下，到田边园内用火把驱逐害虫，还在火把上撒上松香，以除害避邪，直至火把燃尽为止。耍完火把之后，各家都要聚在一起吃水果和各种食品，火把节才算结束。

三月街

洱海地区的另一个民间节日“三月街”也是源于南诏和大理国时期。每年农历三月十五日至二十二日当地人都要举行盛大的物资文化交流的传统盛会，因为是在三月里举行，所以叫做三月街，在古代又被称观音市或观音会。

大理白族三月街

三月街的形成也有着一段迷人的神话传说。相传，唐朝初年，大理有一个魔鬼罗刹，他的性情十分残暴，每天都要吃人眼36双，民众苦不堪言。后来在唐朝贞观年间，从西天来的观音大士收复了罗刹。观音怕罗刹卷土重来，于是在每年农历的三月十五日至二十二日就来

白族三月街舞龙队

到大理讲经说法，人们争相来听。但观音担心人们每年来听法，时间长了会耽误了农事生产，便劝导人们来赶佛会时带上农副产品进行交换，这样便逐步形成了定期举行的贸易集市——街子。观音到大理讲经说法虽属传说，但三月街由佛教的庙会发展而来则是肯定的。因为如前面所讲的，在南诏时期佛教就已经传入了洱海地区，并成为大理地区上至君王下至平民百姓的主要宗教信仰。清代师范曾作《三月街吟》来描写三月街的盛况，诗云："乌绫帕子凤头鞋，结队相携赶月街。观音石畔烧香去，世祖碑前买货来。"诗中描写当时大理地区的人们在赶三月街的时候都要去拜观音，从中可以看到三月街带有浓厚的佛教色彩。

三月街的贸易集市盛况，在明清之际的许多文献中都有记载。如明代李元阳的《万历云南通志》、《徐霞客游记》等都对三月街进行的骡马、木材、药材、毛皮、铜铁等大宗的土特产品贸易情况有详备的记载。《徐霞客游记》中是这样记载的："俱结棚为市，环错纷纭。……千骑交集。……男女杂沓，交臂不辨。……十三省物无不至，滇中诸蛮物亦无不至。"从这段记载中我们可以想像得到当时三月街的盛况。

在今天的大理地区，三月街不仅成为涉及20多个省市地区的物资交易会，而且还是大理各民族进行文化艺术交流、招商引资、技术合作等对外开放的重要集会。三月街时还要举行传统的赛马、对歌、赛龙舟、民族歌舞等文艺活动，吸引了国内外的大批游客到此参观游玩。

绕三灵

绕三灵，在白族人中是十分盛大的民族节日，一般在每年的夏历四月二十三日到二十五日三天。这个节日还被称为“绕山林”。也有人根据白语的意思认为应该译为“逛桑林”，认为这种仪式产生于母权制社会中，是以女性的生殖崇拜为核心的，以祈求子孙的繁衍为目的，主要以野合为手段的一种原始民俗，后来就演化成了纯粹的娱乐性活动。

关于绕三灵的起源，人们的说法历来是多种多样。一种认为这是起源于古人祈祷丰收的宗教仪式。根据传说，在历史上的某一年大理一带大旱，人们没有办法插秧。为了祈雨，人们在喜洲的本主庙前面搭起了一个祈雨台，祈求本主降雨救民。到了四月二十五的这一天，天终于下了雨。从此之后，人们就相约每年的四月二十三到二十五这几天到本主庙祈雨。后来就演化成了绕三灵。

白族绕三灵：祈神

在民间还有一种传说，这是为了纪念南诏时期的一个受人爱戴的国王。这个国王在世的时候十分仁慈和善，人们非常尊敬他。在他死的时候，百姓们都来为他送葬，送葬的时候人们手中拿着丧棒或者缠着白布的杨柳枝，后来霸王鞭替代了丧棒，再后来就发展成了绕三灵。

在节日期间，洱海周围各个村寨的男女老少都要参加这一活动。他们以村为单位，在一对年长的歌手的带领下列队前进。一般来说，第一天从大理城出发，到达“神都”圣源寺，祈求风调雨顺，人寿年丰；第二天再到“仙都”金奎寺，祭祀大理国国王的先祖段宗牓；第三天再到“佛都”崇圣寺，祈祷佛祖保佑、永镇山川、天地安宁；最后在崇圣寺旁的马久邑村散会。在行走过程中，每队前都有两位老人手持杨柳枝或牛尾巴、白毛巾，边舞边对唱白族的“花柳曲”，后面的队伍有的唱调子，有的打霸王鞭、敲八角鼓、双飞燕等民间歌舞形式。队伍白天边走边唱边舞，一路上是欢歌笑语。到了晚上，人们则三三两两地在田野和树林里燃起一堆堆篝火，烧茶煮饭。饭后，老人一边喝茶，一边弹三弦，唱“大本曲”。青年男女则约上相好，到树林深处谈情说爱，直至通宵达旦。到达马久邑村之后，大家才能解散回家，仪式也到此结束。

第六编 巍巍苍山，盈盈洱海

一、载雪萦云伴流泉——点苍揽胜

苍山鸟瞰

苍山云

苍山水

二、冰清玉洁——洱海风光

洱海大观

洱海岛

天镜阁

洱海月

三、风花雪月——大理四绝

下关风

上关花

苍山雪

四、蝴蝶泉边好梳妆——大理蝴蝶泉

前人曾这样描述大理山水“山则苍龙叠翠，海则半月掩蓝”。苍山峰峰有寺，溪溪响瀑；洱海有九曲四洲之胜，远看更有白帆点点。如梦境，更似仙境。有口皆碑的风、花、雪、月大理四绝，更让人心醉神迷，心生向往。

一、载雪萦云伴流泉——点苍揽胜

苍山鸟瞰

苍山又名点苍山，在史书中又称“玷苍山”。苍山之得名，据《蛮书》卷三记载，是由于“山顶高数千丈，石棱青苍”，以山石青苍而得此名。在古代，苍山风景已经颇有盛名，古人形容它说，“点苍山……界龙首、龙尾两关之间，前襟榆江（即今天的洱海），碧波万顷，背环漾水，连络如带……有十九峰，环列向内，如驰弓然。”

点苍山属横断山脉，是随着喜马拉雅山的造山运动而形

苍山远景

成的。它发源于剑川县云岭山南端的老君山，从北到南，如同一只蜿蜒的长龙伸进洱源县的罗戴哨山，通过西南方向的罢谷山，然后突然崛起，逶迤向南直达下关，以西洱河为界，和哀牢山的始脉摩山相望。苍山绵延45公里，有19座山峰组成，从北向南依次是：云弄、苍浪、五台、莲花、白云、鹤云、三阳、兰峰、雪人、应乐、观音、中和、龙泉、玉局、马龙、圣应、佛顶、马耳、斜阳等。人们为了便于记忆，便有苍山十九峰诗："云弄苍浪洱水西，五台莲花白云迷，鹤云共舞三阳上，兰峰之后雪人居。应乐观音中和峙，龙泉玉局马龙随，圣应佛顶兼马耳，斜阳十九永不移。"

苍山最高峰为马龙峰，海拔4122米，最低为斜阳峰，海拔3079米。更为奇特的是，苍山的每两座山峰之间都有一条溪流，十九峰之间共十八溪，经大理坝流入洱海，这也成为苍山的一大胜景。十八溪从北向南依次是：霞移、万花、阳溪、芒涌、锦溪、灵泉、白石、双鸳、隐仙、梅溪、桃溪、中和、白鹤、黑龙、清碧、莫残、葶溟、阳南等。对于十八溪，前人同样有十八溪诗："霞移万花与阳溪，芒涌锦溪灵泉齐，白石双鸳隐仙至，梅桃二处并中溪，绿玉龙溪清碧间，莫残葶溟阳南居。"

苍山有如此美景，自然招蜂引蝶，历来到此观光的文人墨客留下了许多描写苍山风景的诗作。明代诗人唐顺之曾作过一首描写苍山自然风光和险关的诗："点苍山，十九峰，峰峰巧削玉芜蓉，炎天赤日雪不融。峰顶涌出十八泉，一峰一泉相萦缠，流到峰前一共川。雪花散落绿被里，叠岛连洲镜中起，是为巨海名西洱。诸舍当年控远寰，山水中间建两关，一夫守此百不攀。"苍山美景尽显眼前，有美景若此，难怪明代诗人杨升庵情不自禁地叹道，"一望点苍，不觉神爽飞越。"

自古以来，人们就对苍山充满了崇敬，对它顶礼膜拜。在公元8世纪，南诏王异牟寻仿效中原王朝，把南诏境内的名山大川进行加封，点苍山被敕封为中岳。当时流落南诏的唐朝御史杜光庭对苍山十九峰十八溪进行命名，这就是我们

今天苍山各峰和各溪名称的来源。佛教传入大理之后，佛教寺院纷纷来到苍山落脚，于是造成了苍山“峰峰有寺”的一大特点，更使苍山充满了神秘的色彩，至今在苍山还有很多的佛教寺院。

山的雄浑峻拔，水的温柔缠绵，在苍山融为一体，在雄浑之间不失阴柔之美，在温柔秀美之间又不失阳刚之气，天地的造化成就了苍山，千年苍山的美景也吸引着历代的文人墨客。

苍山云

苍山景色向来以云、雪、泉著称于世，有名的苍山八景（晓色画屏、苍山春雪、云横玉带、风眼生辉、碧水叠潭、玉局浮云、溪瀑丸石、金霞夕照）其实就是云、雪、泉的组合。

点苍山的云更是千姿百态，变化无常，时而淡如轻烟，时而浓似泼墨，如梦境，更似仙境，令每一位到过大理的人都赞叹不已。在大自然的造化中当属“玉带云”和“望夫云”最为有名。玉带云一般出现在夏秋之交，从山脚望去，飘带似的白云横束在苍翠的半山腰，宛如给苍山系上了一条腰带。玉带云长亘百里，一连几天都不会散去，显得十分妩媚动人。按照现代的解释，玉带云的形成是由于洱海水气依着苍山徐徐上升，和顺着山顶而下的冷空气在半山腰上相遇而成。在古代就有“秋来雨后看云容，天将玉带封山公”的诗句。当地群众传说，玉带云的出现是观音下凡，将会给大理地区带来风调雨顺、五谷丰登的好年成，故当地的农谚称：“苍山系玉带，饿狗吃白米。”

每当万里无云的冬春季节，海拔4000多米的苍山玉局峰上就会出现一朵犹如披发少女在探望的云彩，这就是有名的望夫云。然而更奇怪的是，每当望夫云出现时，苍山洱海

就会出现狂风大作的天气，洱海海面白浪滔天，海里的渔船每当这时就要躲进港湾，否则就有可能发生船沉人亡的惨剧。当地还流传着一个美丽的关于望夫云的神话故事。相传，南诏王有个美丽的公主，她爱上苍山一位穷苦的猎人。南诏王反对这桩门不当户不对的婚姻，并把公主关了起来。但是二人的爱情感动了山神，山神送给猎人一对翅膀，于是猎人飞到了王宫救出了公主，逃到苍山玉局峰上过着自由自在的生活。然而马上秋去冬来，玉局蜂顶很快就成了一片冰天雪地的世界。猎人见自己亲爱的公主衣服单薄，不能御寒，于是就到海东罗荃寺去窃取一件冬暖夏凉的宝衣，但却被罗荃法师发现。法师对此十分恼恨，就将猎人变为石骡子沉入洱海海底。在玉局峰顶日夜盼着丈夫回来的公主得知丈夫死讯后，悲痛欲绝，忧郁而死。但她的精气却聚结在一起化成了望夫云，还刮起大风，要把海水吹干，看到沉在海底的丈夫石骡子。因此，每当出现望夫云时，就会狂风大作。郭沫若曾作诗一首："洱海真如海，罗荃塔尚存。石骡何处去？遥见望夫云。"

望夫云的景色十分优美。在高高耸立的玉局峰顶，孤单单出现一团白色的云彩，在太阳的照射下熠熠发光，但突然

苍山玉带云游路

苍山云

之间云彩就会向着蓝天平铺过来。在这一静一动之间，宛若一女子在张望。就在这时，苍山上往往就会刮起大风，一时之间天昏地暗，洱海里波涛汹涌，白浪翻飞，大有吹干洱海之势。然而望夫云的形成，也有科学的解释，这是因为在冬春季节比较晴朗的下午，由于阳光的强烈照射，洱海的水气向上升腾，在苍山顶上形成云彩。而恰恰正是这个季节，印度大陆的干燥气流形成的阵发性季风，从西向东吹来，把苍山上的潮湿气流吹散。惟独玉局峰由于山高陡峭，挡住了印度来的干燥气流，所以使得洱海的潮湿气流在这里形成了一朵孤单单的云彩。风大的时候，这朵白云好像要扑向洱海；风弱时，云彩又退回。这一扑一退，十分像一个在那里张望的女子的形状，难怪古人会想像出那么美丽的神话。

苍山水

如果说苍山的雪和多情的望夫云使苍山显得妩媚妖娆，

那么水则使苍山更多了一份灵气。苍山的水历来就十分有名，明代曾有人作《游十九峰深处》一诗来称赞苍山的水，诗云："探幽远入林，僻径转难寻。云漏斜晖影，山藏古雪阴。茑萝悬树密，深水出溪清。此地无人到，寒猿只自吟。"在海拔 3800 米以上的苍山顶上，至今还存在着不少的高山冰碛湖泊，这是第四纪冰期的杰作，就是古书上所谓的"高河窦海"。在苍山的这些湖泊之中最负盛名的当属黄龙潭、黑龙潭、洗马谭等。在这些湖泊的四周都是遮天蔽日的原始森林，有数人合抱的参天古木冷杉、云杉，有蟠虬多枝的蒲团松，来到这里，宛若走进了一个童话的世界。

在海拔 4097 米的苍山第二高峰玉局峰顶，有一个方圆百米的碧澄湖泊，这就是赫赫有名的苍山洗马潭。传说，成吉思汗曾在此洗马，所以被称为洗马潭。洗马潭古称青龙潭，位于玉局峰顶的一个平台之上，距离峰顶仅仅只有 50 步之遥，水深约有一米六七，水底呈椭圆锅底形，潭底和潭的四周由薄石板自然铺就。潭水由苍山积雪融成，因此潭水碧澈透亮，终年不干，是苍山顶上一处风景绝佳的高山湖泊。潭的四周，布满了高山杜鹃灌木丛。站在潭边向下看，只见由高大挺拔的冷杉和茂密的竹林在风中摇摆。每当春夏之交杜鹃花开的时候，潭边各种不知名的野花也正值怒放季节。这时你若徜徉潭边，只见百花争艳，灿若云霞，一侧是斑驳的岩峰，一侧衬着青青翠竹和巨大的冷杉林，宛如一幅传统的水墨山水画。每当微风吹过，阵阵杜鹃花香迎面扑来，令人不禁神清气爽，

苍山溪流

流连忘返。但要切记这里由于海拔很高，不可久留，待久了会感到寒气逼人，呼吸困难。所以，美景虽好，但不可贪恋。

苍山七龙女池

苍山众多溪水之中，清碧溪最为有名，它位于苍山的马龙峰和圣应峰之间。清碧溪最有名的景致当数碧溪三潭了。如果把清碧溪比喻为一串项链的话，那么碧溪三潭就应该是项链上的三颗珍珠，按照位置的不同被分为上、中、下三潭。光滑笔直的马龙峰和圣应峰两相对峙，形成了一个狭窄的出口，清碧溪就从这个出口倾泻而下，在山脚下汇集成了一个方圆约五六公尺的水潭，潭水清澈透亮，宛若一面明镜，这就是下潭。沿下潭右边青苔遍布、滑溜如冰的石崖之间向上爬约十余米，就到了中潭，这里是清碧溪的主要游览地。两面的石崖再次环合得天衣无缝，十分光滑，潭中泉水也是晶莹透亮，碧波粼粼。溪水从上面缓缓注入潭中，又从下方岩边盈溢而出，飞流直下注入下潭，场面十分壮观。但是如果要游上潭，就不那么容易了，你必须回过头去从马龙峰攀登而上，然后再向下走一段，当听到轰隆隆的瀑布轰鸣声，上潭就到了。走近了看，只见一股清亮的瀑水从一块悬岩上面像箭一样飞流而下，直

冲潭中，水花飞溅，十分壮观。古人曾赞美清碧溪，明代大理学者李元阳在游清碧溪之后写道：“予每至溪上，彀纹壁影，印心染神，出溪虽涉尘世而幽光在目，樵唱在耳，屡日不能忘。”徐悲鸿先生更是赞它“峰壑林泉无一不可入画”，他还把自己的清碧溪之游称为“销魂”之游。

二、冰清玉洁
——洱海风光

洱海大观

洱海古称叶榆泽，又称“昆明川”。因为形状很像人的耳朵，所以又被称为“西洱河”。洱海是我国西南高原上的一个淡水湖，海拔 1972 米。洱海发源于洱源县茈碧湖，南至下关，东抵玉案山，西屏点苍山。南北长 42 公里，东西平均宽 6.3 公里，周长 150 公里，面积 252 平方公里。最深处可达 21 米，其北部以洱源县弥苴河、罗莳江为源，西纳点苍山十八溪，南汇波罗江、风尾箐等河流。

洱海气候温和，风光绮丽，景色十分宜人，洱海就是以其妩媚的景致著称于世。春天，湖光融融，碧波荡漾，轻烟迷茫，明媚迷人；盛夏，环山苍翠，岸垂柳枝，软似锦缎；

俯瞰大理和洱海

㊉洱海中的南诏风情岛

秋时，湖面则幽静深沉，赏心悦目；入冬，湖光与点苍山积雪相互辉映，清新静穆，四季风光构成了“玉洱银苍”的奇观。盈盈洱海素有三岛、四洲、九曲之胜。海中有三岛：金梭、赤文、玉几；沿岸有四洲：马濂、鸳鸯、青莎、大鹳淜；水中有九曲：莲花、大鹳、蟠矶、凤翼、萝莳、牛角、波岞、高岩；这三岛、四洲、九曲是洱海最负盛名的地方。随着四时朝暮的变化，洱海的各种景观呈现出万千气象，古人把它们归纳为“洱海八景”，即：山海大观、三岛烟云、海镜开天、岚霭普陀、沧波泛舟、四阁风涛、海水秋色和洱海月映。

洱海岛

东南部的金梭岛是洱海最大的岛屿，南诏时被称为“中流岛”，白语称为“串诺”，意思就是海岛。金梭岛南北长约2公里，平均宽约370米，总面积74万平方米，中部略低而窄，是一个良好的避风港。据说，金梭岛因形状像一个织布的梭子，当太阳出来时万道霞光映入洱海之中，金梭岛就被

霞光包围而显得金光闪闪，故而名曰“金梭岛”。明代李元阳曾描绘此间盛景说，“天生翼石似金梭，欲织银苍水上波”，形容得极为贴切。置身于此，整个苍山洱海的壮丽风光尽收眼底。据樊绰《蛮书》记载，当时南诏王看中了这个岛屿，在岛的西面临近海湾的地方，建了一座辉煌的舍利城，作为南诏王的避暑行宫，与南诏王太和城的王宫遥遥相望，视野十分开阔。当年舍利城的辉煌我们已经无从知道，近些年来的考古发现证明这里曾经有过辉煌的历史。

至今在金梭岛上还居住着200多户白族渔民，和其他白族村落一样，他们也有自己的本主，本主的封号是“苍洱灵帝三星太子”。据传说，在很早的时候，金梭岛上森林十分茂密，野兽出没，尤以猴子居多，岛上居民不断受到骚扰。这时有一个名叫张泽新的英雄把猴子赶出了金梭岛，但是张泽新也在与猴子的搏斗中摔下悬崖而亡。于是，岛上居民就奉他为本主。

在洱海之中另一个著名的海岛要数小普陀了，小普陀周长只有200多米，是名副其实的袖珍小岛，但是它的名气却一点都不小。小普陀位于洱海东部海面，全部是由石灰岩构成，因它的形状很像一枚圆形的印章，因此又被称为“海印岛”。

洱海中的小普陀

天镜阁

在洱海，观音阁也颇有盛名，此处地势十分险要，有“山环吞海，澄然如镜”的景观，所以古时被称为天镜阁。早在南诏时期，这里就已经修建了一寺一阁一塔，即：罗荃寺、观音阁、罗荃塔。从而也就成了佛教的圣地，但现在罗荃寺已经不在，观音阁也在明代被毁。

大理洱海东岸天镜阁

天镜阁位于洱海东岸，金梭岛北面的罗荃半岛上。从天镜阁看洱海，景象极为壮观，元朝有位宣慰使李京在游览天镜阁后写下了“银山殿阁天中见，黑水帆樯镜中过”的名句。天镜阁只是过去洱海四阁之一，其他三个是：洱海西岸才村的浩然阁、洱海南岸团山的珠海阁、洱海北岸的江尾的水月阁。这四个分布在洱海四周，遥相呼应，构成了洱海一道完整的风景线。古代很多文人墨客就留下了吟咏天镜阁的名句，如“更上一层天欲近”，“海面仍开镜裹天”等。

洱海月

然而，洱海最让人心醉神迷的要数洱海的月亮了。洱海的月亮，因其皎洁、明亮而深深地吸引了历朝历代的文人墨

客到此大发感慨。明代冯时可曾在他的《滇西纪略》里写到大理的“日月与星，比别处倍大而更明”。每当月圆之夜，泛舟海上的游人如织，只见一轮满月在海上悠悠地浮着，泛着金黄色的光芒，恍惚之间好像天上的月亮落到了洱海之中；抬头仰望，碧空中悬挂的满月更是熠熠生辉，仿佛刚从洱海中出浴一般。一时间，水天一色，分不清是天上的月亮掉进了海里，还是海里的明月映上了天空。这时如果漫步洱海西岸的沙滩之上，还可以领略到“玉洱系金链”的奇观。波光粼粼的海面上，一轮颤悠悠的月亮从洱海中央一直延伸到东岸的金梭岛，岛和月连在了一起，宛若给金梭岛系上了一条金链。这就是“玉洱系金链”的洱海奇观。

白族民间故事雕塑《洱海月》

三、风花雪月
——大理四绝

大理风景秀丽，自古就以“风、花、雪、月”四景著称于世，即“下关风、上关花、苍山雪、洱海月”，这就是著名的大理四绝。

下关风　每年春、冬是下关的风季。一年之中，下关平均有 35 天以上的大风，最大风速可达 10 级。然而下关风的奇特之处并不在于风大风多，而在于因下关地势特殊使风产生一种蹿上而又下跌的奇怪现象。下关风的风口在天生桥峡谷口，它是洱海水出口处，又称西洱河，在河口上有座黑龙桥，这座桥把下关分为关内关外两个部分，桥北面为关内，桥南面为关外，恰恰在这里两山（点苍山、哀牢山）之间形成峡谷，中间呈槽形，更加大了风速。苍山十九峰又形成了一道高大的屏障，挡住西南吹来的印度季风。风从南方而来，灌入山槽，到槽口外，风势便由下而蹿上，于是便产生一些奇怪的现象：如人朝南走，风迎面吹来，吹落行人的帽

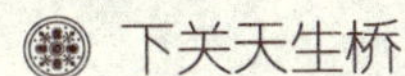

下关天生桥

子，理应落在身后，但恰恰相反帽子落在面前，这正是下关风的奇特之处，也是下关风被称为大理四绝之一的主要原因所在。由于下关正处在风口上，每当风季，几乎每天都狂风呼啸，穿街扫巷，撩衣揭帽，吹得人站立不稳，下关因此有“风城”的雅号。《大理县志》中是这样记载下关风的，“由于平阳地面恒热，气涨上升，二十八溪涧冷空气时来扑之，又有西南方四十里箐之多数冷空气至下关，为东山所阻，亦时时输入此平阳地面，亦复四周皆山，诸空气旋转其中，一时不能腾空而散，互相搏击，其狂如虎，拔木倾舟，有自来也。”

上关花 相传上关有棵“十里奇香树”，开的花大如莲花，它的香味甚至超过了桂花，颜色呈粉白色，果实为黑色并且十分坚硬，可以用来做朝珠，所以又被称为“朝珠花”。据《大理府志》记载，“和山花树高六丈，其质似桂，其花白，每朵十二瓣，应十二月，遇闰月则多一瓣，俗以仙人遗种，在大理府和山之麓，土人因以其地名之。”这棵花树在何时栽种已经无从知道。在元朝至正年间，这棵花树异常繁茂，每年开数百多，极为壮观，花香四溢，虽远在百步之外也能闻到花香。明代地理学家徐霞客在崇祯年间到大理时还特意看了这株名花，他在《徐霞客游记》中这样写道：“其花黄白色，大如莲，亦有十二瓣，按月而润增一瓣，与省会之说同。但开时香味远甚，土人谓之‘十里香’，则省中所未闻也。”但是到清朝晚期，由于花的名声太大，游人如织，达官贵人更是络绎不绝，这些官吏到了下关之后对当地百姓敲诈勒索，百姓对此苦不堪言。百姓为了求得安宁不再受官吏的骚扰，只好忍痛割爱，在晚上偷偷地把花树砍了了事。此

大理山茶花

花从此绝种。但是后来有人考证这种花其实就是木莲花，这种花在今天的大理处处可见。

苍山雪　主要是指苍山山顶上一年四季积雪不化的景象，苍山中的马龙峰、玉局峰、学人峰、中和峰一年四季积雪不断，即使是在夏天也是银装素裹。但大理坝子里却是从来不下雪的，所以苍山顶上的积雪就显得格外珍贵，特别是那一排雪山景色更是让人着迷。如果你从昆明去大理，当走到弥渡的定西岭头时，就可以看到一排银笔插天，蔚为壮观，这就是有名的苍山雪景。苍山在冬季积雪较厚，加之长年积雪不化，即使到了夏季也是白雪皑皑、银装素裹、灿烂炫目。但观赏苍山雪需要选择好位置，只有在较远的地方，才能够全部看到雪山的美景，如果太近了反而被群山所挡，只能看到陆续片段的局部雪景，终为不美。

苍山的雪不仅可以观赏，在盛夏的季节又可拿来做天然的冷饮。每当盛暑的天气时，白族人就从山顶取下苍山上的“阴崖古雪”，调上蜜汁，放点黑梅成了沁人肺腑的清凉饮

苍山雪景

料。这种做法在古代就已流行，杨升庵有一首《滇南月节词》描写了当地人“五月卖雪”的情景：“五月滇南(指大理)烟景别，清凉国里无烦热，双鹤桥边人卖雪，冰碗啜，调梅点蜜和琼屑。”在现在的大理，每到夏天，白族人就到苍山上取回白雪，然后在雪上浇上红糖水，在街上当做冷饮来卖，很是受人欢迎。

四、蝴蝶泉边好梳妆
——大理蝴蝶泉

大理城北约 40 公里的苍山云弄峰下，由于长时间的雨水冲刷，水土流失严重，山坡上树木比较稀少。但是当你继续缓步上行，大约有半里路，就会发现一片浓密的森林，在树木掩映之下，走过古朴的石坊，就会看到一块高约 3 米的棱形大理石碑，正面右侧有郭沫若手书的“蝴蝶泉”三个大字，左侧则是郭沫若咏蝴蝶泉的诗，“蝴蝶泉头蝴蝶树，蝴蝶飞来万千数，首尾联接数公尺，自树下垂疑花序。”碑的背面则刻着徐霞客游大理蝴蝶泉的一段日记。继续沿林阴小道曲折向前行约三四十米，只见古树林立，浓荫蔽天，一方清泉隐掩其间。泉底铺着鹅卵石，泉水从白沙中汩汩涌出，不时泛着气泡，泉水源于苍山冰雪融水，十分清澈透亮。这

蝴蝶泉牌坊

就是鼎鼎大名的蝴蝶泉了。蝴蝶泉周围古木参天，浓阴匝地，约有树林数百亩。

在今天的蝴蝶泉周围有大理石栏板，在泉池的西北角有一株高大的夜合欢古树横跨泉上，树阴遮天蔽日，这棵古树在每年的四月份开花，因为花形似蝴蝶，因此人们称它为“蝴蝶树”。每当蝴蝶树开花之时，会释放出大量的花蜜，招来成群结队的蝴蝶，好像全苍洱之中的蝴蝶都来到此处汇聚，各色蝴蝶翻飞起舞，热闹非常。蝴蝶大的如巴掌，小的则如铜钱，五颜六色，品种多达上百种。然而最奇的是万千彩蝶交尾相衔，倒挂于蝴蝶树上，形成无数蝶串，垂至水面，五彩缤纷，蔚为壮观，让人分不清到底哪是花哪是树。要想驱散它们可就有些困难了，即使向它们投去石块，也是在瞬时之间就会散而复聚。徐霞客曾在《徐霞客游记》中说：“泉上大树，当四月初即发花如蛱蝶，须翅栩然，与生蝶无异。又有真蝶千万，连须钩足，自树巅倒悬而下，及于泉面，缤纷络绎，五色焕然。游人俱从此月，群而观之，过五月乃已。”蝴蝶泉最盛之期在农历四月十五日前后，所以农历四月十五日被定为“蝴蝶会”。

蝴蝶泉

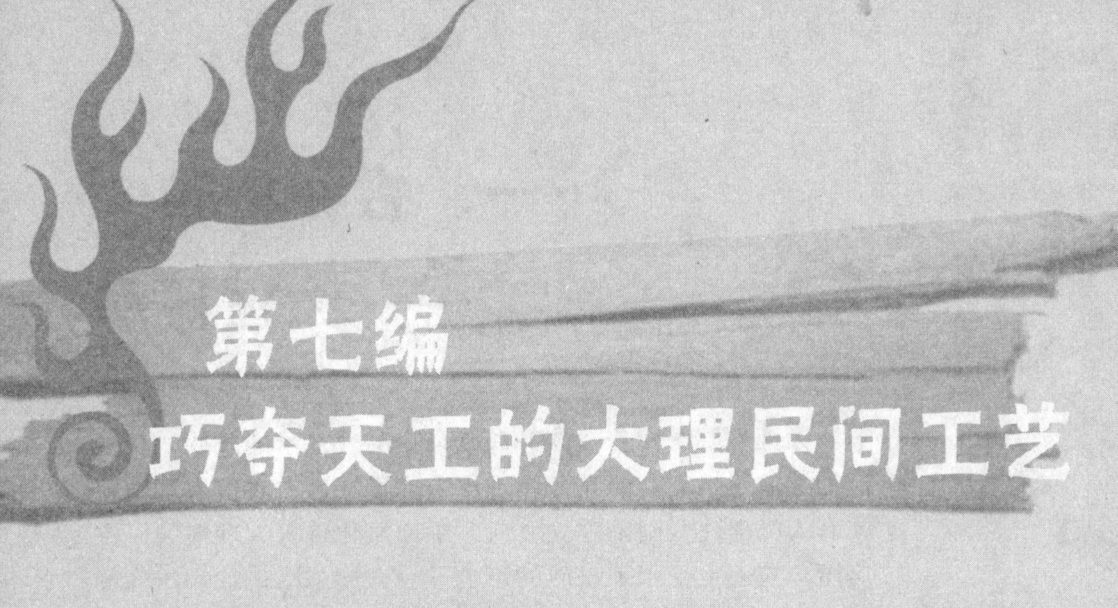

第七编 巧夺天工的大理民间工艺

一、古朴典雅
——大理民居

大理主要居住着白族。白族是个酷爱艺术的民族，在他们的居住建筑上就能充分体现出来。早在远古时代大理地区就有人类居住，南诏建立之后，中原文化传入大理地区，在房屋建筑上也受到了汉族的影响。《云南志》记载，当地民居“……上栋下宇，悉与汉同，唯东西南北，不取周正耳。别置仓舍，有栏槛，脚高数丈，云逼田鼠也。上阁如车盖状。”《云南志略·诸夷风俗·白人风俗》中也说，“居屋多为回檐，如殿制。”可见当时白族民居受汉族影响之深。但洱海地区的独特地理位置和民族风俗，又是白族民居呈现出自己与众不同的特点。

与游牧民族不同，白族自古以来就从事以种植水稻为主的农业，为了生产的需要，定居就成了白族居住的主要形式。所以，注重居住条件就成了白族最传统的生活方式。过去，在客籍和土著杂居的地方，曾有这样的俗语流行：说白族人是“大瓦房，空腔腔”，客籍人则是“茅草房，油香香”，意思是白族人即使节衣缩食，倾其所有也要建造起宽敞舒适的住宅，而客籍人却不同，他们更注重吃得好，即使是住在简陋的茅草房里，吃食也丝毫不能马虎，所以茅草房里经常油味飘香。在旧时代，建盖一所像样一点的住房，往往成了白族人花毕生精力的大事。他们追求住宅宽敞舒适，以家庭为单位自成院落，在功能上要具有住宿、煮饭、祭祀祖先、接待客人、储备粮食、饲养牲畜等多项作用。

大理地区盛产石头，白族居民大都就地取材，广泛采用石头作为主要建筑材料。不论是花岗岩、片麻石还是青石，

㊝ 白族民居的石头墙

甚至是鹅卵石都在建筑房屋中大显身手。大理民间有句谚语叫做“大理有三宝，石头砌墙墙不倒”，指的就是建房取材的特点。石头不仅用在打基础、砌墙壁，也用于门窗头的横梁。每幢房屋向外的三面檐口都用薄块的青石砌得严丝合缝。房顶则以板瓦为沟，圆瓦为顶，整个房屋都用沙土石灰制成的三合土粘合得非常整齐。墙面几乎全部用石灰粉刷，在山墙屋角等处多用图案装饰，但这种图案多为水墨基调，显得典雅大方。整幢房屋，白墙青瓦，耀人眼目，给人的印象就是整齐、端庄、大方。

从院落布局、建筑结构和内外装修等基本风格来看，白族民居与中原民居建筑有着传统上的承袭。由于自然环境、审美情趣上的差异，白族民居又有自己明显的民族风格和地方特色。如以白族四合院与北京四合院为例做大致的比较，首先从主房的方位来看，北京四合院的主房以坐北朝南为贵；而白族民居的主房一般是坐西向东，这与大理地区山脉的基本走向有关，大理地区的苍山山脉成南北走向，所以房屋多依山势采用坐西朝东的取向。这样房屋背靠苍山，前临洱海，依山傍水，正是中国传统建筑的主要特点。其次，北京四合院的住房大多是一层的平房，而白族民居基本上都是两层。

位于苍山脚下、洱海之滨的大理喜洲，是白族民居建筑的精萃所在，现以喜洲地区民居为例来说明大理民居的特点。早在唐朝时期，南诏王异牟寻曾在这里建立自己的都

喜州的严家大院

城。在那些年代里，当地工匠吸取了丰富的中原建筑艺术并发挥了自己的创造才能，逐渐形成了自己民族的建筑风格。喜洲的民居建筑均为独立封闭式的住宅，有点像北京的四合院。一座完整的居民院落主要由院墙、大门、照壁、正房、左右耳房组成。正房一般有三间，室内清洁、整齐，左右两间作为卧室，中间是客厅，放有镶嵌彩花大理石的红木桌椅和画屏。

由于经济收入的不同，各家各户的房屋的建筑格调和形式也有所不同。一般的建筑形式是：“两房一耳”，“三房一照壁”，少数富户住“四合五天井”，即四方高房，四方耳房，一眼大开井，四眼小天井。此外，还有两院相连的“六合同春”，楼上楼下由走廊全部贯通的“走马转阁楼”等等，真是五花八门，犹似迷宫。当然采用什么形式，是由房屋主人的经济条件和家族大小、人口多寡来决定的。现在大部分是一家一户自成院落的二层楼房，但雕刻、彩绘仍不减当年，而且有所发展。

白族民居尤其注重门楼、照壁的建设和门窗雕刻以及正墙的彩绘装饰。门楼是整个民居的门面，是一家荣誉的象征，因此各家都十分重视。门楼建筑水平的高低，可以确定其主人的经济地位。它通常使用泥雕、木雕、大理石屏、石刻、彩绘、凸花砖和青砖等材料组成一座串角飞檐、斗拱重叠、玲珑剔透、雄厚稳重的综合性艺术建筑。白族门楼建筑

不仅富有民族特色，而且在建筑结构技巧上也独具风格。有的地方整个门楼不用一颗铁钉或其他铁件，而连结得却十分牢固，几十年风雨如故，再装上两扇较有厚度的铁黑色木大门，甚是庄重威严。门楼的基本造型有“一滴水”与“三滴水”两种。“一滴水”也就是普通的坡屋样式，简朴大方，一般人家多采用这种形式。而“三滴水”则显得宏伟壮观，有精致的斗拱，双层翘角，多为经济条件比较好的人家采用。

白族民居门窗木雕，多用剑川木雕。门窗木雕手法多采用剔透和浮雕，层层刻出带有神话色彩和吉祥幸福的白鹤青松、鹭鸶荷花、老鹰菊花、孔雀玉兰等，以及各种几何图案。门窗的表面上还涂有褚红色的油漆，显得光滑明亮，古朴典雅。木雕多用于建筑物的格子门、横披、板裾、耍头、吊柱等部分。卷草、飞龙、蝙蝠、玉兔等，各种动植物图案造型千变万化，运用自如。更有不少带象征意义的，如“金狮吊绣球”、“麒麟望芭蕉”、“丹凤含珠”、“秋菊太平”等等情趣盎然的图案作品。白族木雕巧匠们还特别擅长做玲珑剔透的三至五层“透漏雕”，多层次的山水人物、花鸟虫鱼都表现得栩栩如生。

另外，白族的民居也特别注重照壁的建设。白族民居的大门大都开在东北角上，大门不能直通院子，必须用一面墙壁来遮挡，这面

民居彩绘

墙被称为照壁，上面一般写着“福”字。照壁可以起到分割建筑空间、增强建筑空间层次的效果。它由对称的高低两台滴水组成，庑殿式瓦面，四角上翘，檐口墙上饰以泥塑、彩画、书法等。照壁的整体给人以和谐、大方、精巧的美感。照壁是白族居民建筑中不可或缺的部分，不仅居民院内有照壁，大门外有照壁，甚至连村前也有照壁。

白族人不仅讲究住宅的宽敞舒适，还很讲究环境的优雅和整洁。多数人家的天井里一般都砌上花坛，种上几株山茶、缅桂、丹桂、石榴等花木，花坛边沿或屋檐口放置兰花等盆花。爱花是白族人的天性，花也把白族的村落装扮得分外妖娆。

除了白族定居的村落之外，过去大理地区还有很多的渔民和职业船家。这些船家虽然在岸上的村落中一般都有房屋，但是由于他们经常在洱海中劳动，日子长了他们中的很多人家都是以船为家。一家老小都住在木帆船上，船头为卧室，在旁边架设炊具，船的中部用来装运货物，船尾用来饲养家畜。渔民使用的是一种叫做“骡子船”的小船，在出海打渔的时候，一般要用两艘船，一艘用来煮饭和睡觉，另一艘则用来打渔，船上有各种渔具和鸬鹚。这些长期在水中生活的居民，除了重大的节日庆典，一年到头也难得回到岸上。

二、奇石吐云烟
——苍山大理石

世界上所产之大理石，以意大利为最多，而以中国云南苍山的大理石为最奇最美。

苍山不仅风景秀丽，而且物产丰富，大理石就是其中之一。大理石的称谓很多，因为石产于点苍山，故名“点苍石”；因民间用它来做房屋的地基柱基，故又称“础石”；因有“凤凰玉女点石”的传说，故名“凤凰石”；因大理古称叶榆泽，故称“榆石”；又因大理有“妙香古国”之称，故又名“天竺石”。“醒酒石”的雅称则是来自唐代宰相李德裕，据史料记载，李德裕曾在成都的平泉庄内镶嵌大理石，酒醉之后就躺在石上，借以醒酒，所以又被称为醒酒石。大理建国之后，大理石的名称才被广泛使用和接受。在地质学上，大理石是由于石炭岩、白云岩受到挤压或区域变质而重新结晶的一种变质岩。一般呈白色、黑色或褐色，如果含有不同杂质则会产生各种不同色彩或花纹，其矿物成分主要为方解

大理石花瓶

天坛用汉白玉

石。

苍山的大理石，依据颜色和花纹的不同，大体可以分为“汉白玉”、“云灰石”、“彩花石”三类。汉白玉即纯白色的大理石，色彩洁白娟秀，给人一种一尘不染和恬静肃穆的感觉。汉白玉是极好的建筑和雕刻石料，所以许多著名的建筑上都采用了大理石作材料，如北京的天坛、印度的泰姬陵、古希腊的维纳斯雕像，都是采用汉白玉雕制而成的。明代诗人王士性在《点苍山歌》中曾这样描绘汉白玉，“我闻点苍有奇石，胡自山苍石还白。岂是阴崖太古雪，化作瑶华点碧空。”云灰石，是在白色的底子上起灰蓝色云水状或葡萄花状花纹的大理石，但石质相对比较纤细松软，一般被用做建筑板材或制作各种工艺品。彩花石则是大理石中的佼佼者，而苍山大理石也以此最为有名，彩花石花纹和中国的水墨山水画十分相像，并极具中国山水画的韵味。苍山的彩花石可以分为绿花、青花、秋花、水墨花等数种。其中以水墨花大理石最为名贵，它之所以名贵，除了它的品种极其稀有之外，主要还在于它充满了中国水墨画的独特韵味。水黑花大理石以黑白两个颜色为基本色调，显得清新素雅，其天然画面的意境，与中国传统水墨画极为相似。千百年来，令多少文人墨客为之倾倒。清代周尚赤在《大理石赋序》中说：“今之所产(大理石)，包备五彩，色如云水，红绿明透，铜墨

灼灼。备四代之画法，万色烂斑，无不毕肖。其象乎天文四时者则有所谓‘湘烟春霁’、‘夏山欲雨’、‘华岳秋晴’、‘寒江雪浪’、‘天际乌云’、‘寒峰晓雪’、‘相送柴门月色新’诸图是也；其象乎山川草木者则有所谓‘峰际孤桐’、‘蕉林天影’、‘红梅春渡’、‘杉林茶焙’、‘云深采药’、‘翠微黄叶’是也；其象乎鸟兽者则有所谓‘鹧鸪天鸦’、‘石屏寒鸥图’、‘龙雨石屏’诸图是也；其象乎仙佛灵异者，则有所谓‘彩流仙府’、‘阆水花草’、‘天台应真图’、‘降魔图’、‘双仙画石’诸图是也。”周尚赤在这里讲的就是水墨花大理石，水墨花大理石图案的千变万化尽现眼前，怎能让人不心动?

明代大旅行家徐霞客在游览大理崇圣寺时，在寺内曾经见到过两块大理石中的精品，据他记载，其中的一块大理石上面的图案为“远山阔水之势”，水波变化多端，韵味十足，他是这样描绘的：“各方七尺，厚寸许。北一方为远山阔水之时，其波流潆折，极变化之妙。南一方为高峰叠嶂之观，其氤氲浅深，各臻神化。”他还说自己见到了新采的大理石，在《徐霞客游记》中这样描写这些新石：“块块皆奇，俱绝妙。着色山水，危峰断壑，飞瀑随云，雪崖映水。层叠远近，笔笔灵异，云皆能活，水如有声。”徐霞客被这些奇妙的石头所感动，不禁赞道：“从此丹青一家，皆为俗笔，而画苑可废矣。”后来在一个石工家中买了一小块极其普通的只是有些黑白分明的大理石，索价却是一百文铜钱。大理石的名贵由此可见一斑。

大理石的生产历史十分悠久，至今已经有 1000 多年的历史了。早在唐代，大理石就开始应用于佛教雕塑。据《太平广记·记西洱河事》中记载，“西洱河有白石，其土人造多宝佛全身像，安在西洱河鹫山寺。”唐代南诏的著名建筑崇圣寺千寻塔的塔基中就使用了大量的大理石。宋代时大理国国王段和誉，在向宋朝进贡的清单中就有“碧玕山”，就是大理石的一种。至今仍然存在于大理三月街旁的《元世祖平云南碑》的匾额就是用大理石制成的。

苍山大理石主要产在苍山十九峰的三阳峰、雪人峰、应乐峰等处，开采大理石一般要在海拔 2500 米的深山陡崖上。在古代没有安全设备，技术条件也很差，因此大理石的开采运输是十分艰难而危险的。明代有记载说：大理石的“产石处所，山洞坍塞，崖壁悬陡”。在运输中，“五、六尺者，体质高厚，势难采运……峻岭陡峭，石蹬穿云，盘旋崎脐，百步九折。竖抬则石高而人低，横抬则路窄而石大。”更因“石料难寻，且产于万丈悬崖”，所以经常发生“崖险压人众”乃至掉下石崖摔死的惨祸，“匠工十指淋指血，血浸石骨成丹青”，古代诗人的这两句诗是当时石匠采石生活的真实写照，大理石的珍贵由此也可见。

大理石，因其石质细腻坚硬，既可用做建材，也可用于雕刻。经过打磨抛光的大理石，光滑如镜，还带有各种奇特的花纹，因而是一种上好的建筑、装饰和雕刻材料。自古以来一直被作为建盖宫殿、庙宇、花园的材料。在今天的北京故宫和十三陵里，还可看到大量的大理石。另外，大理石被本地群众广泛地用做民房的柱石台阶等基石。利用大理石具有解暑散热的特性，大理和剑川生产大量的嵌镶着大理石的云木雕花家具。用大理石制成的高脚酒杯、花瓶、笔筒、砚台、茶叶缸、烟灰缸、装饰屏风、挂幅等工艺品，更是玲珑精湛，深受世人喜爱。

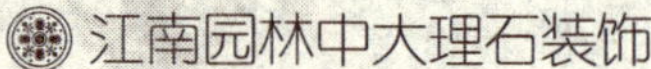
江南园林中大理石装饰

三、雕梁画栋应犹在
——剑川木雕

大理的石头加工技艺堪称一绝，大理的木雕工艺也是卓尔不群，而大理白族自治州的剑川县的木雕手法尤其精湛，无论是三教九流的人物，还是千姿百态的生灵，都能塑造得栩栩如生，或小儿辩斗，或高堂拜寿，或虬龙缠云，或雄虎啸涧，等等不一而足，却个个显得小巧玲珑，那再平常不过的木头一旦经过剑川艺人们灵巧的双手的雕刻之后，就会返璞归真，灵光四射，剑川艺人赋予了它们以生命，而它们也同样回赐了人们以一个个可爱而又美丽的希望。“千里马常有，而伯乐不常有”，大理剑川的木雕艺人，就是一个个的“伯乐”。

剑川木匠自古以来就以木雕的高超技艺而闻名于世，历来享有“木匠之乡”的美誉，可谓是处处皆鲁班。剑川木匠们的手巧，做出来的东西也灵巧，据当地民间传说，剑川木匠们雕刻出来的木龙，在大理斗败了真龙，连玉皇大帝都为之叹服，所以要是有人异想天开地要去剑川找这里的木匠比比手艺，那可真正算是“班门弄斧”了。所以如果你听过白族艺人演唱的大本曲，你就会发现伴奏者所用的精美的三弦的龙头，是那么地逼真，莫非这三弦上的木龙，就是剑川木匠们雕刻出来的那条斗败了真龙的木龙？

剑川的木雕，历史悠久，早在南诏时期就已经非常流行，名扬天下了。特别是在佛教传入之后，木雕工艺被广泛应用于佛教建筑。现在在云南博物馆还保存有大理国时期的木雕屏风一件，上面刻着佛会时的盛况，人物个个栩栩如生，极为传神。随着时代的推移，剑川的木雕技术日臻炉火纯青，到了清代，剑川的木雕工匠足迹遍布天下。清代张泓

在《大理纪行》中写道：“滇之七十余州及临滇的黔、川等省，善规矩斧凿者，随地皆剑民。”木雕艺人在长期的流浪生活中，思乡情重，又创造出了优美凄婉的流浪汉之歌，《出门调》就是其中之一。他们唱道：“江水悠悠流不断，流到天涯海尽头，离妻别子走他乡，无限别离愁。清晨奔进景东城，身上银钱无半文；早街家家无活做，愁煞手艺人。河边依依垂杨柳，十年回见家乡面，空身和白头。”这是当时剑川木匠生活的真实写照，这些流浪艺术家的生活是十分不得意的，但正是他们使剑川的木雕工艺扬名天下。

剑川木雕

剑川木雕艺术的集大成者当属位于今天剑川县西南的景风阁了。景风阁是久负盛名的风景区，它西依金华山，北傍永丰河。景风阁内古柏参天，阴翳蔽日，风景秀丽。

但景风阁的迷人之处并不在于它美丽的风景，而在于这里极富民族风情和地方特色的古建筑群。这里集剑川白族的绘画、雕刻、建筑工艺之大成，在省内外颇有名声，是云南著名的六大古建筑群之一。景风阁古建筑群始建于明末清初，由景风阁、来薰楼、灵宝塔、棂星门、文庙、龙神祠、关岳庙、戏台等建筑组成。这些古建筑基本上都是采用中国传统的斗拱飞檐结构。如果从远处看景风阁建筑群，则显得气势恢弘，极为壮观；从近处看，只见雕梁画栋，典雅精致而又不失古朴淳厚。

在这些建筑之中大量采用了剑川木雕的工艺，尤其是景风阁。这是一座八角飞檐斗拱的三层阁楼，俗称“八角楼”。整个建筑以“四大井，十二柱”作为主体，从正袱和斜袱分

出八角，层层檐牙高翘，钩心斗角，但整体结构却十分严谨，丝毫不显凌乱。楼阁四周则绘以重彩丹青，有山水、花鸟虫鱼等白族民间传统的图案。在底楼的南面装着极有白族特色的格子门，四扇格子门的窗棂结构严谨美观，图案装饰十分精巧细致。格子门的腰板部分采用三层“透漏雕”的木雕绝技，图案栩栩如生，雕镂变化多端，十分灵巧，丝毫不见呆滞，集中体现了剑川木雕工匠的高超技艺。

在这个古建筑群中，除了景风阁之外，最能体现剑川木雕匠人手艺高超的当属与灵宝塔相呼应的棂星门。棂星门是一座中间高而两边略低的牌楼式古木坊。它由 10 根一人合抱粗的柱子支撑着 5 丈高的屋面，两侧为壁，前后呈开放式。楼面上部是用多层雕花斗拱承托，显得富丽堂皇，屋面上部则是“十面出水六方飞角”，金黄色的琉璃瓦镶嵌其中。屋脊上则用黄瓦装饰，整座门楼显得气势宏大，极为壮观。门内大梁、楼面上绘着丹凤朝阳、二龙戏珠等极具白族风格的花鸟图案，两壁绘的是著名的“剑阳八景”。人在门内，仿佛置身剑川木雕艺术精品的世界，我们不能不被剑川木雕艺人的高超技艺所折服。

格子门上的透漏雕

剑川木雕内容多是花草、动植物图案，也有神仙传说故事的题材，常见的如“八仙过海”、“八仙庆寿”等。木雕图案有香草、纹龙、纹凤、狮头、凤头、云纹等，变化多端，独具匠心。从用途上来讲，剑川木雕可分为两大类：一是建筑用的装饰，例如古建筑中的飞檐斗拱，格子窗花等。其中最有特色的当为格子门，它一般以四扇或六扇为一堂，多放置于寺庙大殿和居家正厅的客堂，有两层至四层镂空浮雕等。内

容有“富贵根基”（牡丹和公鸡），“鸳鸯戏水”、“仙鹤飞松”、“鹿鹤同春”、“八仙过海”等，雕刻细腻，层次分明，极具空间感。另一类是用于打造家具，例如方桌、几案等。凡经过剑川木雕匠人之手，一件十分普通的家具也会生机盎然。常常剑川木雕的家具要配上苍山的大理石，更使这些家具显得古朴典雅，气度不凡。

此外，在印刷业中也常常使用木雕技术。在南诏和大理国时期，就被用来制作族谱、经卷、甲马纸等。例如制作甲马纸（甲马纸白话称“纸符”、“纸火”或“甲马子”，画面有各种神灵、动物等，为祭祀各种神灵祷告时焚化的纸品），就是先将文字和各种图案反笔写在木板上，然后再经过木雕匠人的精心雕刻，雕成之后在上面涂上颜料就可以用来印刷了。近些年来，剑川的木雕工匠为云南民族博物馆制作了宋代大理国《张胜温画卷》木雕，这块木雕由 134 块组成，长 97.6 米，高 1.8 米，共计 176 平方米，堪称全国木雕之最。

四、清新素雅
——大理扎染

人们常说："到彩云之南，看风花雪月"，说的就是要到大理去。其实大理不仅有风景如画的山川，还有把这些秀美山川绘制得更加美轮美奂的民间工艺——大理扎染。扎染，古时候称"扎缬"、"绞缬"，俗称"印花布"，是流传于民间的手工印染工艺，有着悠久历史，公元前 2 世纪的秦汉时期扎染的工艺就出现在中原地区，如今主要盛行在大理白族地区、大仓、庙街等地制作。早在 1000 多年前，白族先民便掌握了印染技术。特别在盛唐年间，扎染在白族地区已成为民间时尚，扎染制品也成了向皇宫进献的贡品。10 世纪的时候，宋仁宗明令严禁扎染物品民用，把它作为宫廷专用品，此后扎染在中原地区渐渐地少了，而在宋的邻国大理，家家户户都有自己的染坊，勤劳的姑娘用她们那灵巧的双手把扎染出的美丽带给人间，并用它们裁剪出艳丽的民族服装。经过从南诏、大理国时期至今的不断发展，扎染已成为颇具白族风情的手工印染艺术。

大理扎染作坊

传统的大理白族地区的扎染原料主要为纯白布或棉麻混纺白布，丝绵绸、麻纱、金丝

绒、灯芯绒等也可以作原料，但是一般的百姓人家很少用。洱海水畔的万顷良田里生成的棉桃吐出的棉絮洁白如雪，绒长而有韧性，采摘回家，纺成线，摆上织机，成色极佳的棉布就出来了。年轻的小伙子登上莽莽苍山，把山上生长的寥蓝、板蓝根、艾蒿等天然植物割回家，和水捣碎，染料也准备好了。

准备好了原料，真正的扎染就可以开始了。白族妇女们先在棉布或丝绸上画出图案，再用手工将做了记号的布结扎成各种各样花形，有时也把受热不变形、并且与染液不发生反应的物质（如石头、沙粒、果壳、纽扣或硬币等）放在棉布里。古时还用小米粒放进布内，染出点点小花。花型做好后就用线将白布扎上，扎时讲究松紧，如果扎松了染出的布就显不出花形，如果扎紧了染出的花形则过大，扎好之后再将其放入染缸之内染制，如此反复，每浸一次色深一层，这就是所谓的“青出于蓝”，一般要染五到七次。染制方法分为冷染、热染两种。浸染到一定的程度后，取出晾干，拆去线绳，便出现蓝底白花的图案花纹来。这些图案多以圆点、不规则图形以及其他简单的几何图形组成。构图严谨，布局丰满，并且扎染纹样具有从中心向四周成辐射状的工艺效果，可以和丝绸的飘逸相媲美。

晾晒扎染

扎染图案取材十分广泛，常以当地的山川风物作为创作素材，其图案有的是苍山彩云，有的是洱海浪花，有的是塔阴蝶影，还有神话传说、民族风情、花鸟鱼虫等……妙趣天成，千姿百态。在浸染过程中，由于花纹的边界受到蓝靛溶液的浸润，图案产生自然晕

纹，青里带翠，凝重素雅，薄如烟雾，轻若蝉翅，似梦似幻，若隐若现，韵味别致，独树一帜，有一种回归自然的拙趣。

这种用手工针缝扎、用植物染料反复染制而成的布，产品不仅色彩鲜艳、永不褪色，而且对皮肤有消炎保健作用，没有现代化学染料有害人体健康的副作用。白族妇女常用来缝做衣、帽、头巾、手帕等，而且还用扎染布制作窗帘、桌幔、椅幔、挂包、床单、被面、门帘、围腰等日常生活用品。

其实，经过数百年的工艺演变，扎染工艺已经取得了很大的发展。近年来，大理喜洲白族妇女在图案艺术、古代结扎技法和现代印染工艺相结合的基础上，推陈出新，发展了彩色扎染这种新的手工印染技术。彩色扎染突破了传统简单的蓝白色调的局限，强调多色的配合和色彩的统一。利用扎缝时宽、窄、松、紧、疏、密的差异，造成染色的深浅不一，形成不同纹样的艺术效果。特别值得一提的是，在一些白族地区，一种称为“反朴法仿扎染”的工艺制品正应运而生。反朴法仿扎染则是在古代扎染基础上发展起来的像扎染而非扎染，像泼画而非泼画，图案花纹兼有扎染与泼画两种风格的新工艺。其特点是在扎染工艺上省去了扎缝这一道工序，图案花纹色晕层次更为丰富，呈现出错杂融浑、斑斓厚重的色彩效果。彩色扎染和反朴法仿扎染具有同曲异工之妙，能产生流动的风格和回归自然的美。

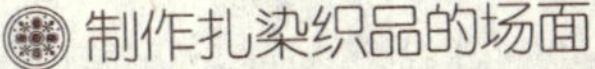
制作扎染织品的场面

后记

“巍巍苍山，峰峰有寺，溪溪响瀑，甚至在那远望如削的山脊峰后，还珍藏着天池般的深潭和一马平川的花海。

盈盈洱海，素有三岛、四洲、五湖、九曲之胜，远看更有白帆点点，近听渔歌声声，更有吞波吐浪的海岩、如巢似玉的渔村，泛舟其间，可登蓬莱，游普陀。”

一本书上是这样介绍大理苍山洱海的。看到这些，你什么感觉？是人间？是仙境？

金庸先生一部《天龙八部》虚虚实实，亦真亦幻，更使古老神奇的大理蒙上了一层神秘的面纱，那仙境般的风花雪月，梦幻中的骑士大侠，好一块诱人向往的人间仙境。试问谁能不陶醉？谁能不着迷？但大理的美丽仅仅在此吗？

其实大理的美并不仅仅在于她的风花雪月，更在于她悠久的历史和文化，使她的每一个角落都留下了先辈们的故事，而这些故事又使得每一处地方都充满了传奇色彩。

早在几万年前大理就有人类居住，是人类文明的发祥地之一。大唐盛世，皮逻阁在唐朝的支持下统一了六诏，建立了洱海地区第一个统一的地方政权，以后虽然

与唐朝磕磕碰碰，甚至兵戎相见，但南诏王倾慕汉唐文化之心始终未变。段氏建大理国之后，与宋朝一直保持着良好的关系，大理的名马、宝刀、象皮胄在中原很受欢迎。忽必烈攻破大理之后，大理国亡，段氏被元朝封为世袭大理总管。其间多少前尘往事？多少英雄豪杰？谁也说不清楚。

有了苍山洱海，有了风花雪月，大理才显得美丽；而有了历史，有了文化，大理才显得韵味十足。两者相得益彰，使大理在轻盈之中不失厚重，在厚重之中又不失灵巧。

南诏、大理大事年表

公元 649 年——南诏王细奴逻建立大蒙国。

公元 653 年——南诏王遣子逻盛炎入朝唐天子，唐赐逻盛炎以锦袍。

公元 674 年——南诏王细奴逻卒，其子逻盛炎即位。

公元 707 年——唐九徵在叶榆洱海地区击破吐蕃，立铜柱纪功。

公元 712 年——逻盛炎卒，盛逻皮即位。

公元 728 年——盛逻皮卒，其子皮逻阁继承王位。

公元 737 年——皮逻阁连年兼并各部，取太和，袭大厘，至是年尽有洱海河蛮故地。

同年，皮逻阁筑太和城及龙首、龙尾二关。

公元 738 年——皮逻阁赂唐剑南节度使王昱，求合六诏为一，王昱许之。唐封皮逻阁为越国公，云南王，赐名蒙归义。皮逻阁徙治太和城。

公元 745 年——皮逻阁遣其孙凤伽异入朝，唐王朝授予凤伽异鸿胪卿。

公元 748 年——皮逻阁卒，其子阁逻凤即位，唐朝册封阁逻凤为云南王，封阁逻凤之子凤伽异

为阳瓜州刺史。

公元 750 年——唐剑南节度使鲜于仲通、云南太守张虔陀贪婪淫虐，阁逻凤起兵攻姚州，杀太守张虔陀，鲜于仲通发三路兵，攻打南诏。

公元 751 年——唐剑南节度使鲜于仲通率军讨伐南诏，战于西洱河地区，唐军死 6 万。

阁逻凤北附吐蕃，吐蕃封阁逻凤“赞普钟”，并赐给金印。

公元 754 年——唐剑南留后李宓率兵 7 万征南诏，南诏与吐蕃神川知兵马使论绮里徐合拒唐兵，败唐兵于太和城，唐军全军覆没，李宓投江自尽。阁逻凤收唐军尸骸，筑“京观”，刻石称“唐天宝战亡士卒之墓”（即万人冢）。

公元 756 年——安禄山叛乱，唐玄宗奔蜀，南诏趁乱占领清溪关。同年西泸令郑回被聘为凤伽异、异牟寻的老师。

公元 765 年——凤伽异筑拓东城。

公元 766 年——阁逻凤筑阳苴咩城。南诏立“德化碑”于太和城。

公元 779 年——南诏、吐蕃攻四川，唐遣神策都将李晟等破之。引师还。南诏王阁逻凤卒，子凤迦异先死，孙异牟寻继位，以郑回为清平官。异牟寻迁居阳苴咩城。

公元 793 年——异牟寻遣使杨传盛、赵莫罗眉、杨大和坚分三路于五月至成都，表示愿“世为唐臣”，十月韦皋遣崔佐进入南诏。

公元 794 年——正月，崔佐与异牟寻盟于点苍山神祠。十月，唐派袁滋为“册南诏使”，赐异牟寻银窠金印。异牟寻前清平官尹辅酋等随袁滋回朝谢恩，袁滋回朝著《云南记》。定盟后南诏与韦皋合击吐蕃，南诏攻陷剑川、神川，袭破铁桥等 16 城

池，俘虏了吐蕃王侯 5 人，向唐朝献捷报。并献出原来吐蕃赐给南诏的金印及南诏地图、方物。

公元 799 年——异牟寻遣子弟入朝，就学于成都。

公元 800 年——南诏进奉圣乐舞。德宗于麟德殿观舞。

公元 808 年——异牟寻卒，子寻阁劝继位，自称骠信，改赐元和章印，改年号为应道。

公元 809 年——正月，唐政府遣段仲平出使南诏，持节册立南诏。十一月寻阁劝卒，子劝龙晟即位，以善阐为东京，羊苴咩城为西京。

公元 816 年——劝龙晟被弄栋节度使王嵯颠所杀，其弟劝利为王。改年号为全义、大丰。

公元 823 年——劝利卒，其弟劝丰祐立，唐派遣京兆尹韦审规前往册立，同行者韦齐休归著《云南行记》。改年号为保和、天启。

公元 827 年——筑喜洲城。

公元 829 年——李德裕为西川节度使，向南诏索要俘虏，归还 5300 余人。

公元 835 年~842 年——南诏修建崇圣寺千寻塔。

公元 841 年——劝丰祐派遣军将晟君修水利，“筑横渠道，自磨用江至鹤拓，灌东皋及城阳田，与龙去江合流入于河，谓之锦浪江，又渚点苍山玉局峰顶之南为池，谓之高河，又名冯河。更导山泉共汇流为川，灌田数万顷”。

公元 842 年——南诏设立学校，请益州人张永襄、本国人赵永作教官。

公元 842 年——劝丰祐建五华楼，用来会晤西南 16 国君长。

公元 859 年——劝丰祐卒，其子世隆即位。唐王朝以其名犯唐太宗李世民和唐玄宗李隆基的讳，不予册封。南诏与唐断绝关系，世隆自称皇帝，国号大礼，改元建极。

公元863年——唐攻安南，南诏大军将段酋迁战死，南诏攻安南，经略使蔡袭死，其属僚樊绰浮水逃脱，归著《蛮书》。

公元872年——南诏世隆立铁柱于弥渡，称“天尊柱”。

公元877年——世隆卒，其子隆舜即位，请求与唐朝和亲。

公元879年——唐遣使云虔赴南诏，至善阐见隆舜，归著《云南录》。

公元897年——隆舜卒，其子舜化贞嗣立，改元中兴。

公元902年——南诏清平官郑买嗣夺位，自称“大长和国”，南诏灭亡。

公元910年——郑买嗣之子郑仁旻继位。

公元924年——郑仁旻求婚于南汉政权，南汉把增城公主嫁给他。

公元926年——郑仁旻死，其子郑隆亶即位，次年改年号天应。

公元928年——剑川节度使杨干贞杀郑隆亶，立赵善政为王，改国号为“大天兴”，仅10个月，杨干贞又把赵善政杀死。

公元929年——杨干贞废赵善政自立，改国号为“大义宁”。

公元936年——通海节度使段思平讨伐杨干贞，杨干贞在逃跑途中死去。

公元938年——段思平即位，号大理国，建都阳苴咩城。

公元944年——段思平死，其子段思英继位，后被其叔父段思良废掉，出家为僧，段思良即位。

公元952年——段思聪即位，次年改年号为明德。

公元965年——宋朝将领王全斌平定属国，大理国派人祝贺。相传宋太祖以玉斧划大渡河，说：“此外非吾所有”，与大理国划大渡河为界。

公元969年——段思聪之子段素顺即位，改年号为明

正。

公元971年——大理国与西南三十七个部落会盟于石城，并刻碑留念。

公元985年——段素顺之子段素英即位，改年号为广明。

公元994年——宋封大理段素英为“云南大理国主、统辖大渡河南姚巂州界山前山后百蛮三十六鬼主、兼怀化大将军、忠顺王”。

公元995年——辛怡显出使云南，著《至道云南录》。

公元1009年——段素英之子段素廉即位，改年号为明启。

公元1022年——段素廉之侄段素隆即位，次年改年号为明通。

公元1026年——段素隆之侄段素真即位，段素隆避位为僧。次年改年号为正治。

公元1041年——段素真之孙段素兴即位，段素真避位为僧。次年改年号为圣明。

公元1044年——段思平之曾孙段思廉为国人所拥护为帝，次年改年号为保安。

公元1074年——宋朝官员杨佐到大理买马，归著《云南买马记》。

公元1075年——段思廉之子段廉义即位，次年改年号为上德，段思廉禅位为僧。

公元1080年——段廉义被大臣杨义贞所杀，杨义贞篡位仅四个月，被段氏大臣高智升打败，高智升立段廉义侄子段寿辉为帝。

公元1081年——段寿辉禅位于段正明，次年改年号为保定。

公元1094年——善阐侯高升泰篡位，段正明出家为僧。

公元1095年——高升泰改国号为“大中国”。

公元1096年——高升泰卒，其子高泰明遵父遗言还政段氏。

公元1097年——高泰明立段正明弟段正淳为帝，称“后理”。高泰明为相国。

公元 1108 年——段正淳之子段和誉（又名段正严）即位，次年改年号为日新。

公元 1109 年——三十七部起义，高氏镇压。

公元 1116 年——大理派李紫琮、李伯祥等人出使宋朝。

公元 1117 年——宋朝封段和誉"金紫光禄大夫、检校司空、云南节度使、上柱国、大理国王"。

公元 1147 年——段和誉之子段正兴继位，段和誉出家为僧。

公元 1150 年——三十七部再次起义。

公元 1172 年——段正兴避位为僧，禅位于其子段智兴。

公元 1200 年——段智兴之子段智廉即位，次年改年号为凤南。

公元 1202 年——大理使人入宋求大藏经，得 1465 部，置五华楼。

公元 1205 年——段智廉之弟段智祥即位，次年改年号为天开

公元 1238 年——段智祥之子段祥兴即位，次年改年号为道隆，段祥兴出家为僧。

公元 1244 年——蒙古军初攻大理，被高禾击败。

公元 1251 年——段祥兴之子段兴智即位，次年改年号为天定。

公元 1252 年——忽必烈率军经甘肃、四川以革囊渡金沙江向大理进军。

公元 1253 年——蒙古军攻入大理，段兴智东逃善阐，高祥被斩。

公元 1254 年——段智兴被蒙古军俘虏，大理国灭亡。